土系列4

海洋的故事

審訂：施志汶
文：陳素宜
封面繪圖：孫基榮
內頁繪圖：劉素珍

編者的話

近幾年來，政府積極推動鄉土教育，希望國中、小學學生能對台灣的風土文物有所認識。然而學校老師為了豐富自己鄉土的素養與知識，卻有資料難尋之感。聯經出版公司在出版金鼎獎童書《台灣歷史故事》之後，獲得各界熱烈回響，不時有家長、老師建議繼續開發、延伸此一系列著作。

有鑑於此，聯經出版公司經過資料蒐集與規劃，邀請兒童文學作家執筆，專業的史學、科學教授審校，並由插畫者配上精緻的插圖。於是一篇篇豐富又有趣的台灣風土系列故事，再次呈現在讀者面前。

《台灣風土系列》全套共十冊，包括：《開發的故事》、《民間信仰的故事》、《習俗的故事》、《海洋的故事》、《河流的故事》、《動物的故事》、《植物的故事》、《住民的故事》、《物產的故事》、《山脈的故事》。

本系列以說故事的筆法敘述，以主題事物爲主軸，涵蓋歷史、人文、自然、科學與生活，適合國小中、高年級以上的學生閱讀。相信閱讀過這套叢書之後，人人都能認識台灣風土，並對我們的生活與習慣有更多的了解。

序

陳素宜

海洋，圍繞著台灣島。它跟我們是那麼的接近！就是在全省唯一不靠海的南投縣，想要看看海，也可以馬上開車出發，半天之內，就可以站在海邊吹海風了。我們之中，有人捕魚，有人曬鹽，有人養蚵仔，有人摘海菜；當然也有人吃魚、吃蝦、吃貝類。大海毫不藏私的撫育台灣島上的人民。

海洋，圍繞著台灣島。它跟我們卻是那麼的遙遠！就在台灣東邊的海域，有鯨魚唱歌，有海豚跳舞，我們卻不知不覺的過了好多年；就在台灣周邊的海底花園，珊瑚死了，魚兒逃了，我們仍然沒有感覺。大海默默無言的承受台灣島上的人民。

其實，海洋它一直就在這裡。原住民的祖先坐著竹筏來了；西班牙人、荷蘭人開著軍艦來了；漢人也搭船來了。從台灣有文字記錄的歷史開始，海洋就圍繞著台灣島，等著我們去認識它、了解它，和它快樂的相處。

爲了寫這本書，我有半年的時間泡在海洋裡。前三個月正是炎炎夏日，我四處去看海。當年鹿耳門的水道，現在眞的不能行船了，我跟著一群孩子，在含水的沙灘上撿貝殼。颱風前夕，我走過基隆的白米甕砲台，再到大武崙砲台，人煙稀少，只有群樹喧嘩。南寮、南方澳、安平古堡；花蓮、石梯坪、台東到墾丁，我去看現在的海，我去想像從前的海，想像將來的海。後三個月，漸漸接近冬天，我在稿紙上寫海，海在我的書桌上洶湧，在我心裡澎湃。

在山裡長大的我，經過了這大半年的接觸，終於開始認識海。希望這樣的一本書，能爲你打開台灣海洋的大門，請你踏上前去看看圍繞著台灣島的海洋，再回過頭來，看看被海洋圍繞著的台灣。

目次

噶瑪蘭族的海祭

台灣的海洋，對不少的原住民族群來說，是十分重要的。他們相信他們的祖先，是航海來到台灣定居，所以常有祭拜海洋的習俗流傳下來。如東部的阿美族，平埔族中的西拉雅、噶瑪蘭等族。其中噶瑪蘭族的海祭，更是以「祈求海神保佑」為主旨。後來，清代漢人來到噶瑪蘭人居住的蘭陽平原，他們無法抵抗，於是便從海路南移到花蓮新城一帶，建立新的部落。

• 我們在海邊會看到一波波的海浪，這是一種海水運動，叫做波浪。其實，海水本身是不會產生波浪的，當它受到風力、海底地震，或月亮、太陽的吸引力等外力影響的時候，才會產生波浪。其中風力的影響最大，在颱風天的時候，海邊巨浪滔天，確實像是大海在生氣，而引起大浪。

• 台灣沿海盛產貝類，其中有很多是可以吃的。例舉三種如下：

(接下頁)

傍晚時分，太陽下山那邊的山頭，晚霞像跳動的火燄一樣紅，紅透了半邊天。另外一片天空，卻是一片深沈的藍，就像眼前這片大海，雖然安靜，可是帶著一種神祕的、不安定的感覺。

烏嫚已經有好長一段時間，沒有彎下腰去撿螺貝了。她癡癡的看著大海，看著浪花從遠處蜂擁而至，爬上岸來，舔過她的腳背，又退到遠處。媽媽說過，我們噶瑪蘭人的祖先們，是坐船從海上來的。烏嫚相信，不知道多少年前，就是這溫柔的海，帶領祖先們來到這裏。再過幾天，月亮彎彎的時候，烏嫚一家也要跟著族人，離開這片養育全族多年的土地，乘船出海，去尋找新生的地方。到時候，海還會是這樣的溫柔嗎？烏嫚也見過發怒的海，它的吼聲比山上的黑熊還要嚇人，捲起的海浪，連石頭都會被打碎。祖先們的船，曾經遇見發

（接上頁）

1.花笠螺，屬於笠螺科。牠的貝殼是卵圓形的像小斗笠一樣，色彩花紋變化很多，裡面還有珍珠光澤。大小約有四公分，全省各岩礁海岸都可以看見牠附著在岩石上。

2.黑鐘螺，屬於鐘螺科。貝殼是黑色，殼底中央是綠色，貝殼口裡有珍珠光澤，殼高大概四公分左右，全省各岩礁海岸的潮間帶產量很多。

3.珠螺，屬於蠑螺科。貝殼像頂灰綠色的小捲帽，殼頂

（接下頁）

怒的海嗎？祂們……。

「烏嫚，妳在想什麼呀？我都撿了一袋了，妳才只有那幾顆！」

阿華在烏嫚的耳朵旁邊大聲的問，嚇得烏嫚手上僅有的幾顆螺貝，又掉回海裡。烏嫚輕輕捶了一下阿華的肩膀，算是對她的抗議。

「阿華，妳說我們出發的時候，海會是溫柔的，還是憤怒的？」

「出發？妳是說離開這裡去找新土地的時候嗎？我才不擔心這個呢！妳媽媽是族裡功力高強的祭司，她一定可以從神靈那裡知道，什麼時候出發最好，不用我們操心啦！」

阿華的想法，正是大部分族人的想法。可是烏嫚心中卻有個小小的懷疑，如果媽媽的功力高強，爲什麼不

（接上頁）

或殼底有時是黃色。牠的口蓋很厚，圓圓的凸起來，殼的大小約三公分。全省各岩礁海岸的潮間帶產量很多。

•清代漢人的髮式，男人留長髮，在腦後紮成一條長辮子。

請神靈把那些紮著長辮子的人，從我們的土地上趕走呢？是我們噶瑪蘭人先到這裡來的呀！

西邊的彩霞已經褪去豔紅，深沈的藍色占領了天空，海邊撿拾螺貝的婦女們，紛紛回家去了。阿華把袋裡的螺貝分一半給烏嫚，免得她空手回家，然後兩個好朋友在烏嫚家前面的岔路上分手了。

烏嫚把螺貝泡進水裡去除鹽分的時候，媽媽告訴她：

「神靈指示，再過兩天的清晨，是出發的最好時機，我已經通知頭目這個消息了。我們家裡的東西，也要趕快收拾收拾才行。」

媽媽請示神靈，終於得到結果，烏嫚應該感到高興才對，可是她心裡卻有種想哭的感覺，她眞的不想離開這塊自己出生、成長的土地啊！

「可是……，可是獨木舟還沒完成呀！」

「爸爸說明天獨木舟就可以完成了。我們做一次巴律令祭拜祖先祈求保佑，兩天後就可以出發。」

「巴律令？不是一年做一次嗎？我們前不久才做過一次啊！」

「這一年比較特別，我們更需要祖先神靈的保佑。」

看來眞的要離開了，烏嫚忍不住問媽媽：

「神靈不能幫我們把紮辮子的人趕走嗎？是我們的祖先先到這裡來的呀！他們在我們田地裡放死貓、死狗，讓我們不能耕種，這種做法不對呀，爲什麼神靈沒有懲罰他們？」

媽媽吃驚的看著烏嫚，不知道她爲什麼有這種想法。媽媽想了一下，才跟烏嫚說：

- 巴律令，噶瑪蘭人新年前的祭祖儀式。
- 漢人開墾蘭陽地區，最先是靠武力從原住民手中取得土地；後來則使用土地買賣、貨物交換的方式。等到熟悉噶瑪蘭族的風俗後，漢人把死貓、死狗放在田地中，故意讓田水流到噶瑪蘭人的田地裡。因爲噶瑪蘭人認爲這種田水流過的土地「不乾淨」，就會把土地放棄，避免招來惡運，而漢人就可把土地占爲己有。

•清咸豐三年（西元一八五三年）噶瑪蘭人向南遷移。

•獨木舟長一丈左右，用樟木製造，並使用長槳巧妙的划行。決定製作一艘獨木舟時，要先找合夥人二到四個，一起上山尋找適合造舟的樟木。造舟的原木必須樹身直、無樹瘤、幹徑在一公尺內，而且生長在較易搬運的地方。取得樟木後，進行造舟工作。去皮、測量舟身、挖去樹幹中的部分，大概要數個月才能完成舟的雛

（接下頁）

「是有一種叫做巴嘎西印的巫法，專門用來害人的，但是下咒的人也會受到上天的懲罰，而生不出孩子。烏嫚，學習巫法成爲祭司，是要幫助人，不是害人的呀！妳是將來要做祭司的人，這個道理千萬要記得。」

烏嫚的臉整個紅了起來，她爲自己有這種想法感到慚愧。但是……，但是烏嫚心裡面，還是不能原諒那些紮長辮子的漢人，那些強占別人土地的漢人！

出發的日子到了，一大早烏嫚的媽媽聽到表示吉利的鳥叫聲，高興的向頭目做一個出發的手勢。一艘接一艘的獨木舟下海去了，張起布帆，向南航行。烏嫚家的人分坐兩艘船，爸爸、媽媽和弟弟武帶乘坐前面那一艘船，烏嫚和哥哥烏吉坐另一艘船跟在後面。

這一天的海，十分溫柔。浪花輕輕的，海風輕輕

（接上頁）

形。然後是稍微加以修飾，舟形側面像彎月，內部是淺U形的凹槽，底部保留樹木自然的圓形。最後在舟內加上橫向的木桿，作爲滑行時的座位，最多只有四根。

他們是以海路爲主，從打那美（蘇澳）海邊出海，然後在花蓮美崙的海岸登陸，登陸後再遷移到新城建立部落。

的，海鳥的叫聲也是輕輕的。船行越來越遠，烏嫚的家園已經看不見了。一層薄霧在烏嫚的大眼睛裡凝結，終於變成兩顆淚珠，滴在烏吉用力握槳的拳頭上。

「烏嫚不要哭，新家正在前面等我們。」

平常的烏吉不是這麼體貼的，他跟大部分的哥哥一樣愛作弄妹妹。今天大概是心裡跟烏嫚一樣難過，才把內心深處的話拿來安慰妹妹。

烏嫚點點頭，擦乾眼淚，轉頭看看四周，這是她第一次坐船出海呢！從海上看陸地，感覺真的很不一樣。高高聳立的山脈，長滿青綠的樹木，不時有一些水流從斷崖上衝下來，像是織布機織出來的白布。遠處的高山戴著一頂白色的帽子，烏嫚聽爸爸說過，那是一種很冷的東西，跟雨一樣是從天上落下來的。

這麼美麗的地方，何處是噶瑪蘭人的新家園呢？不安定的感覺像海浪一樣，在烏嫚心裡起起落落。她甩甩頭，決定暫時不想這些了。噶瑪蘭族的婦女，平時是絕對不能上船出海的，她要利用這個機會，好好的看看新奇的大海！

「呀！有魚欸！一群好漂亮的魚！」

一大群手掌大小的魚，閃著一身黃色，加上幾條粗黑的條紋，包圍著獨木舟。還有一些身上有著黃土色和桃紅色線條的綠色的魚，在獨木舟左側慢慢游過去。烏吉看了一眼，丟給烏嫚一句話：

「不能吃的魚！」

烏吉很小就跟著爸爸在海上鏢魚，烏嫚大驚小怪的東西，他早就不稀奇了。不過，這些魚可以讓烏嫚快樂起來，也是很好的呀！烏吉指著稍遠的地方說：

「那才是好吃的魚。」

• 某些地區的噶瑪蘭族巫法有善惡兩種，其中「巴嘎西印」是一種專門下咒害人的惡巫法。傳說學習這種巫法的女巫，會受到上天的責罰不能生孩子，也會被族人排斥當做「惡人」。

• 柴魚，是岩石海岸和珊瑚礁常見的魚種。

• 紅線鸚鯛，本省產地多在東部海岸。

烏嫚看見前方的海面，有兩隻像手臂一樣長、一樣大的魚，跳出水面，然後又很快的鑽回水裡。牠們渾身灰黑，肚子有著一抹深黃色。

「嘿！烏嫚，有沒有看見魚？好漂亮呀！」後面的獨木舟上有人叫烏嫚，原來是阿華。她跟烏嫚一樣沒出過海，看什麼都新鮮。

「啊——你們看，你們看哪！」

不知道哪艘獨木舟傳來的聲音，大家跟著往外海的方向看。是一群……，一群長鼻子的大魚！牠們一隻一隻跳出水面，比人還長的身軀，彎成一道道美麗的弧形，再落入海中，濺起水花。

每個人都目不轉睛的看大魚表演，張大的嘴裡，不時發出啊啊的讚嘆聲音。一直等到這群海中的朋友逐漸遠去，大家才回過神來。連常常出海抓魚的男人們，也

•飛旋海豚的嘴巴較長，看起來像長長的鼻子。非常喜歡跳躍，跳躍姿勢和方式有很多種。

說這是難得一見的奇觀。

「啊！海眞是廣大，大魚小魚全都住在裡面。」

阿華用帶著滿足的聲音，說了這些話，傳到烏嫚的耳朵裡。像在河裡石縫中尋找出路的水流，突然來到了大海一樣，烏嫚的心跟著「大魚小魚全都住在裡面」這句話寬闊起來了。這是一種很微妙的感覺，就像烏嫚跟媽媽學織布一樣，本來纏繞在織布機上的線，媽媽怎麼說，烏嫚總是無法了解它怎麼織成布。經過一做再做，一個月亮又圓又大的晚上，烏嫚織布機上的線，突然聽話的變成布了。還有跟爸爸學游泳，剛開始烏嫚也是知道該怎麼悶水、怎麼浮起來、怎麼划動，可是卻做不來。一試再試之後，一個滿天鳥兒歸巢的傍晚，烏嫚突然在水中前進了好遠。現在烏嫚跟那個月圓的晚上、鳥兒歸巢的傍晚一樣，突然領悟一種道理。土地不是噶瑪蘭人的，不是漢人的；土地是人的，是山豬的，是黑熊的，是水鹿的，甚至是花草樹木的。

「阿華，謝謝妳！」

烏嫚在心中跟阿華道謝，轉頭看見媽媽抱著武帶對著她微笑。烏嫚心裡不禁懷疑：

「祭司連別人心裡想什麼都知道嗎？」

船隊沿著海岸繼續向前，走過海灣，走過海岬，走過海灣，走過海澳，天色漸漸暗了下來。頭目選擇了一處海灣上岸，下船的時候，什麼都看不見了。大家圍著用枯木生起來的火燄，用早上帶出來的乾糧充飢。烏嫚累了一天，吃飽後就在溫暖的火邊睡著了。

第二天早上，太陽從海面升上來的時候，烏嫚也醒了。她發現昨晚登陸的這個海灣，眞是美麗極了！碧藍的海水，輕輕拍打布滿鵝卵石的礫灘；海灘與土地交接

•岬角是海邊突出到海中的陸地，很像是小形的半島。像富貴角、野柳、鼻頭角等都是岬角地形。

•海岸線凹進去的部分，也就是海洋突出來，彎進陸地的部分，稱爲海灣。

•海船可以停泊的地方稱爲澳。

• 海灘就是海岸邊緣的一種窄窄、長長又平坦的地方。海灘上鋪滿了泥、沙和一些貝殼、珊瑚的碎屑等。如果海灘上的沙石顆粒直徑比兩公釐還小，就叫做「沙灘」；如果顆粒直徑比兩公釐大的，就叫做「礫灘」。

的地方，有一片刺桐樹。樹上紅色的花朵，像一隻隻黑眼珠的小鳥，在綠葉之間探出頭來。

「啊！紅鳥花開了。」

烏嫚好喜歡這像小鳥一樣的紅花，她和阿華總喜歡摘幾朵紅鳥花別在耳朵旁，人和花一樣漂亮呢！

「是啊，紅鳥花都開了。每年的這個時候都要舉行拉力基海祭的，不知道今年是不是一樣。」

阿華的疑問也是烏嫚的疑問。烏嫚媽媽給了她們一個答案：

「頭目和長老們商量好了，我們先在這裡安頓下來。雖然農地才要開墾，沒辦法很快就有收穫；但是紅鳥花開了，飛魚就來啦！所以明天男人們要去山上打獵，希望能獵到一頭山豬，我們要舉行拉力基祭，祈求大海讓我們的男人們，捕魚的時候平安有收穫。」

喔！就是這裡了！烏嫚族裡的男人們，會在頭目和長老的帶領下，用豬肝、豬心和豬肉來祭拜大海。烏吉跟其他的男孩，去搶拾長老們丟在海裡的酒瓶；烏嫚和其他女孩雖然不能參加祭拜，但是她們要烹調食物，供大家享用。然後族人不分男女，一起在海邊歌舞慶祝。

啊！快樂的日子，快樂的心情，又回來啦！烏嫚的心像大海一樣寬廣，不再有疑慮。她現在最大的願望就是，族人能快快獵到一頭山豬，好舉行豐盛的拉力基海祭。

•噶瑪蘭人的「祭海」是一項很古老的傳統活動，現存的噶瑪蘭海祭，「以祈求海神保佑」爲主旨，而非「祭祖」性質。他們認爲此儀式只是祈求海中的靈魂保佑捕魚豐收、生命安全。

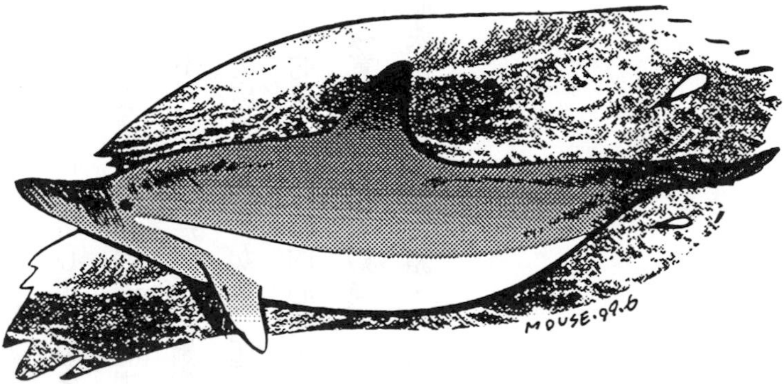
MOUSE.99.6

海外仙山——台灣

台灣是歐亞大陸邊緣的一個海島，在十七世紀以前，是南島民族的天地。就在西元一五四三年，葡萄牙人的商船在台灣海面經過，用「福爾摩沙」的名稱，將台灣介紹給西方社會。到了十七世紀，荷蘭人的船隊、西班牙人的船隊，繞過半個地球航海而來；對岸的漢人，也橫渡海峽上岸。這些從海上來的人，把台灣推上了世界歷史的舞台。

•「台灣」兩個字是西元一六八四年後出現的官方名詞，在這之前多以「大員」、「台員」來稱呼。

長生好想家呀！他蹲在河海交界的岸邊，看著海水拍打沙灘，一波一波又一波。阿嬤和阿母在忙什麼呢？家珍一定爬在泥地上，無人理睬；說不定她正撿起一顆小石頭，要塞進嘴巴裡。長生不在家，長發、家珠這幾個哥哥、姊姊，誰也不會去理不到兩歲的家珍的。唉！到這裡還沒一個月，好像已經離開家人幾年了，想他們想得厲害呀！

一個月前，長生跟著阿爸，從家鄉泉州上船，要到一個叫做「台員」的地方。在這之前，長生就常常聽到村裡人提起台員。他們說那裡是「蓬萊仙島」，是「海外仙山」，種稻不用施肥，還有各式各樣甜美的水果，河裡的魚兒更是抓都抓不完。村裡有一些人已經到台員去了，阿爸也想要到台員闖一闖。可是因爲官府規定不可以帶家眷同行，所以阿爸考慮了很久、很久。他放不下家裡，一個人走哪！但是日子眞的難過啊，一大家子人連吃的都快成問題了。不得已，阿爸和阿母商量，長生雖然瘦，但是個子頗高，就當壯丁跟阿爸混上船去，到了台員，看能不能多賺點錢回來養家活口。不過長生心裡總是很懷疑：

「眞的有什麼仙島嗎？島上有人嗎？我們去到那裡，要住什麼地方呢？還有，眞像傳說中的那麼好，爲什麼還有很多人留在這吃不飽的村裡呢？」

這些問題，長生的阿爸都沒有回答，他只說：

「去了就知道啦！」

出發的那一天，是躲著阿嬤偸偸走的，所以只有阿母一個人在門口相送。從不流淚的阿爸，竟然紅了眼眶；阿母更是不斷的用袖子擦眼淚。長生心裡想著，這一去不知道還能不能再見到阿母？還能不能再回泉州？

• 大約在三千萬年前，在華南古陸塊旁的太平洋海底，台灣最古老的地層開始沈積，到了四百萬年前左右，造山運動把這塊古老的地層推出海面。然後開始慢慢的形成台灣這個海島。

• 泉州在福建的晉江。明清時代，福建、廣東兩省有很多人渡海到台灣來，其中包括很多泉州人。

•現在的泰國在西元一九三九年以前，叫做暹羅。十六世紀開始，葡萄牙人、荷蘭人、英國人和法國人來到泰國做生意，加上明、清兩代，福建廣東兩省很多人移民到南洋，這些來來往往的船隻，都會經過台灣海峽。

現在想起來，長生的手腳還有點發抖！他眞的差一點就不能再見到阿母了。是在他們出海後的一、兩個時辰左右吧，一個船員正指點著經過的兩艘華麗大船：

「那是暹羅來的船，大概是要到北方的那個港口吧，船上有很多稀奇古怪的東西喔！」

大家羨慕的看著大船的時候，天邊的烏雲跟著陣陣強風聚攏過來，原本平靜的海面，翻起滔天巨浪；小石子一樣的雨點，刷得人睜不開眼來。長生坐的小船，完全不聽人的指揮，跟著浪起浪伏，彷彿是滾水鍋裡的一隻螞蟻，馬上就要沈到海底。

「長……」風雨中，阿爸不知道跟長生喊些什麼，他的聲音根本進不了長生的耳朵。長生抱著一個木桶，被巨浪捲出船外。在他昏過去之前，最後看見的景象，是阿爸那隻越來越遠的手臂！

•風速達每秒三十公尺以上的熱帶風暴，稱爲颱風。在北半球，它的氣流繞著風暴中心逆時針方向旋轉；在南半球它就順時針方向旋轉。風暴中心區風小，甚至寧靜無風，俗稱颱風眼。熱帶風暴一年發生三萬零一百個，其中四分之一發生在東南亞。它在至少攝氏二十七度以上的溫暖洋面上產生，帶來的大風、暴雨和潮水、洪水，造成巨大的災害。

等長生醒來，他已經躺在一艘暹羅來的大船上。幸運的是，長生第一眼就看見了阿爸，他緊緊的抱住長生，好像長生隨時會消失不見一樣。不幸的是，阿爸告訴長生，包括他們父子在內，只有五個人獲救。那場颱風，把其餘的十個人，全颳到黑水溝那深不見底的海溝去了。

風雨漸漸變小，大船上的人，要長生他們趕緊離開，想辦法游到岸上去。他們說：

「不是我們要趕你們走，而是這艘船已經擱淺了。前面不遠的陸地就是台員，你們想辦法逃命去吧！等風雨一停，海盜們就會來的。到時候，你們沒被淹死，卻被人給殺了。留在這裡，只有死路一條啊！」

五個人面面相覷，不知道怎麼辦才好。長生的阿爸問：

•明、清時代，福建、廣東兩省移民渡過台灣海峽到台灣來時，常有翻船遇難，葬身海底的事情發生。所以當時人稱台灣海峽爲「黑水溝」，表示深不見底令人害怕的海域。台灣海峽在台灣西邊，對岸爲福建省。海峽中部分布著六十四個島嶼組成的澎湖群島。海峽最窄的地方只有一百三十公里，世界各國的商船經常通過海峽，這裡是交通繁忙的水道。

「那你們呢？」

「我們自有打算，你們快走吧！」

老天爺可憐長生他們父子，讓他們躲過了天災人禍，來到台員。一個比他們早來的鄉親，幫他們安頓下來，還幫長生他阿爸找到一分工作——替「紅毛番」蓋城堡。不過長生還是個孩子，騙不過精明的工頭，工頭不肯給他工作，長生只好等待別的機會。

阿爸工作的城堡就蓋在長生現在蹲著的大沙洲上。一起工作的工人，大部分是原本就住在這裡的人。他們皮膚較黑，眼睛又圓又大，看起來跟長生他們不太一樣。他們說的話，長生一句也聽不懂，不過，這些大眼睛的人還不算什麼。讓長生大吃一驚的，是那些「紅毛番」。他們的皮膚是白色的，頭髮是紅色的。鼻子又高又挺，有些還帶點彎勾，像是天上大鳥的嘴巴。最特別的還是眼睛，他們的眼珠竟然不是黑的，有藍有綠，就像貓眼一樣。有一天晚上，長生看見兩個紅毛番走過，竟然嚇得全身發抖，以爲自己看到另一個世界來的東西！

聽說「紅毛番」是坐大船從很遠很遠的地方來的，他們在澎湖住了兩年之後，被官兵趕到台員來。五年前（西元一六二四年），他們乘坐十三艘船艦在台員靠岸，船上下來的紅毛番，有的扛大刀，有的拿長槍。岸上沒人敢反抗，眼睜睜的看他們占地爲王，在沙洲上大興土木，要蓋一座很大很大的城堡。

長生他們來的時候，城堡已經蓋好一半了。兩個圓頂的稜堡遙遙相對，正面的城牆連在中間。長生聽阿爸說，築城的紅磚，還是特地從外國用船運來的。磚塊和磚塊之間，用糯米、糖水和蚵殼灰混合黏土砌起來。這

•台灣海峽是交通繁忙的水道，來往的船隻中有很多載滿貨物的商船。沿岸的居民在天災人禍、民不聊生的年代，常有人會鋌而走險，乘機打劫商船，淪爲海盜。

•西元一六二四年荷蘭人來到台灣，在現在的台南登陸。當時的台灣人，看見白皮膚、紅頭髮、鷹勾鼻、貓眼睛的荷蘭人，就叫他們「紅毛番」。

•沙洲就是在海岸附近，由海水中的泥沙堆積而成的沙質陸地。單獨立在水中，和海岸有段距離的，叫做「離岸沙洲」，例如嘉義東石外海的「外傘頂洲」，就是台灣地區面積最大的離岸沙洲。連接兩個島嶼，或連接島嶼和陸地，就是「連島沙洲」，例如宜蘭的南方澳就有連島沙洲。如果沙洲一端連接著陸地，另一端伸入海中，就叫做「沙嘴」。還有，有些沙洲在海水下面，沒有露出水面，就叫做「潛沙洲」或「暗沙」。

種城牆比石頭還要堅硬，站個幾百年都不會倒呢！

長生管不到幾百年後的事，他現在最想的是，怎樣幫阿爸多賺錢，好寄回去給留在泉州的阿母他們用。洩氣的是，長生還是個孩子，根本找不到工作！就是有人要他，也只能當學徒，供吃供住，卻沒有錢領。眼前大船小船來來去去，聽說紅毛番就是用船載貨，到處去做生意，所以才會到台員來蓋城堡，賺大錢。長生不敢想像紅毛番這樣賺大錢，他只希望阿爸做個小生意，讓家人能吃得飽、穿得暖就好了。可是，再小的生意也要本錢呀，到哪裡去找錢呢？

大概是前天吧，阿爸和幾個一起做工的人喝酒，有人提到「不用本錢的生意」。剛開始長生聽不懂，後來他才曉得大人們說的是——海盜。他們說海上風浪無常，黑水溝上常有一些來往的貨船，遇到風浪擱淺，正是做沒本生意的好時機。長生他阿爸一句話也沒說，悶頭灌下一大杯酒，長生也猜不透他心裡想什麼。

「會嗎?阿爸會跟著去做不用本錢的生意嗎?」在老家，就是因爲不願做違背良心的事，才會餓得離鄉背井到台員來找出路。難道在這裡，還是得走上這條路嗎?

「阿生仔，又在想家啦?」

是阿爸，他收工休息了。他知道長生這一個月來，總是在這裡看海口、看大船。阿爸拿一小包糖屑，給長生解解饞。這是他築牆的時候，小心的攢下來的。除了這包糖，阿爸還有一個好消息：

「紅毛番要給我們土地種甘蔗呢!」

「有這麼好的事嗎?」

長生不太相信，阿爸卻拍胸坎保證是眞的。

•西元一六二四年，荷蘭人在臺南安平登陸。他們登岸後，船長宋克在安平建城堡，取名叫做奧倫治（Orange），後來又改名叫熱蘭遮（Zeelandia），就是現在的安平古堡。那時候沒有水泥，就用糯米、糖水、蚵殼灰和黏土混合攪伴，用來黏牢紅磚，砌出一座城堡。

•全荷蘭特設東印度公司，資金由民間負責，但是享有軍事、外交等政府特權，對外代表荷蘭政府。公司各項生產的目的是做生意，把所得到的生產物品換成錢送回荷蘭總公司。等於是荷蘭政府的代理人，在台灣殖民。

「他們說是什麼什麼公司啦，只要我們十幾個人一起做，公司就會給我們土地、用具和種子。我們只要把收成繳給公司，公司會讓我們自己留一些下來。」

「這麼說，阿爸就不用去當海盜啦！」長生高興的叫起來。阿爸急得用手封住他的嘴，小聲的問：

「誰說阿爸要當海盜的？」

長生吐吐舌頭，興奮的去追沙灘上的螃蟹。阿爸露出難得的笑容，看著長生蹦蹦跳跳的背影。父子倆心裡想的都是：

「多種甘蔗，多賺錢；可以給家人吃飽穿暖了！」

達悟人的招魚祭

蘭嶼島上的達悟人（舊稱雅美人），把蘭嶼稱為「人之島」。他們相信飛魚是神賜給人們的禮物，一定要好好的珍惜，所以配合飛魚的洄游特性，訂定了生活上的規律與禁忌。他們有一定的漁場、村落組成的捕魚團體，和隨著魚兒游近蘭嶼島的時間而改變的不同捕魚方式。這種尊重自然、不濫用海洋資源的生活態度，是現代人要多加學習的。

•飛魚是銀漢魚目飛魚科約四十種大洋魚類的統稱。飛魚有像翅膀形狀一樣的鰭和不對稱的叉狀尾鰭。飛魚是滑翔而不是拍打魚鰭飛翔。牠們在水下的時候加快速度，身體離開水面時，尾鰭仍在水中急速擺動，才能獲得推力，衝到空中。連續進行幾次滑翔以後，再降落水面，尾鰭又再度在水中快速擺動，產生力量推動身體，再次進入空氣中滑翔。不過達悟人說的飛魚（阿里棒棒 Aliban ban），指的是各種洄游魚類的總稱。

「飛魚從天上的海，來到地上的海。黑色翅膀的飛魚、紅色翅膀的飛魚、透明翅膀的飛魚和小飛魚，全部都來到了人之島。牠們教導我們的祖先，計算時間的長短和往後的月分、年分。」

每年寒冷之月開始的時候，卡布的爸爸就會說起這個古老的故事。最近他更是一遍又一遍的跟卡布說了又說，因爲卡布要代替爸爸，跟大家一起出海捕捉飛魚。這是一件非常重要的工作，以往每年都是爸爸去的。可是上個月圓的日子，爸爸上山不小心摔了一跤，右邊的腳腫得像包著一條大地瓜，一直到現在都還不能走路。所以，身爲家裡年紀最大男孩的卡布，今年要擔負起這個重大的責任。

「一艘大船十個人，每個人都有自己的工作。你第一次上船，要聽從船長的指導，做好自己分內的工作。」

出發到船長家住宿的那天，爸爸忍不住又跟卡布提起要注意的事情。什麼要跟大家分工合作啦，這段時間不能在自己家睡覺啦，船在海面上航行時，不可以說話啦，在魚場裡看見飛魚，不可以用手指指點點啦，背飛魚回家時，不可以穿衣服，而且一定要走飛魚小徑啦……，這一大堆的事，爸爸已經說過好多次了。要是平常，卡布心裡一定會很不耐煩，希望爸爸快快講完。但是今天，他卻很仔細的再聽一遍。因爲他很緊張，不知道自己能不能做得跟爸爸一樣好。

等到了船長家，卡布更是緊張，其他的九個人，都是經驗豐富的老前輩，只有卡布是第一次上船的。還好他們問候卡布爸爸的情況後，都說卡布爸爸是最好的夥伴，他的兒子一定也不差。還要卡布有問題就問，他們

•蘭嶼位於台灣東南方的太平洋黑潮主流區上，面積只有四十五平方公里。距台灣南端的鵝鑾鼻約四十浬，跟它北邊的綠島是同一系列的火山島，它的東南方五浬處有個小蘭嶼，是個無人島。蘭嶼全島幾乎都是丘陵地，僅部分海岸有海灘平地，島上最高的山是五百四十八公尺的紅頭山。達悟族居民分別居住在環島海岸的紅頭、漁人、椰油、朗島、東清和野銀六個村落裡。

●達悟人的新船圖。

一定會盡力教導他的。聽了這些話，卡布總算稍微放心一點點。

當天晚上，大家把捕魚的用具和火把檢查過後就睡了。第二天一早，大家合力把大漁船搬運到海灘上，兩頭高高翹起的漁船，帶著美麗的刻紋，在早晨的陽光中，閃著耀眼的光芒。休息了一年之後，它將帶著十家人的希望，再度出航。它也將是卡布這輩子，第一次出航的大船，卡布打從心裡祈求，一切順利平安。

卡布他們回到船長家時，各家婦女已經送來了魚和芋頭給大家吃。卡布媽媽更是早就等在那裡，一見卡布就不斷問他：

「昨天晚上睡得好不好?分配給你的工作，你會嗎?還有……。」

說著、說著，眼淚竟在眼眶裡打轉，畢竟這是兒子

•在三月二日船員們穿上背心，戴上銀兜，掛上胸飾，集合在海灘的各自漁船邊，按照個人工作職掌的次序，站在自己座位旁邊，然後跟在舵長後面依次上船。舵長宰殺一隻公雞，讓雞血流到木盤裡面，船員們用食指沾雞血塗在海邊的礁石上，嘴裡念著咒語，呼喚魚兒游來，集中在本社漁場。然後再用三十三個小竹筒，也塗上雞血，預祝接著而來的漁船能夠豐收。

第一次離家住在外面呀！卡布吸吸鼻子，呑呑口水，安慰媽媽說：

「沒問題！我很好！」

媽媽還帶來了卡布的背心、銀兜和丁字褲，這是明天招魚祭的時候要穿的。然後，媽媽拿出了爸爸的寶貝，一個他在重要祭典才戴的胸飾。

「卡布，這是你的了！爸爸要你明天戴上它。」

那是一條非常美麗的胸飾，卡布曾經瞞著爸媽偷偷的把它拿出來看。現在媽媽慎重的把胸飾掛在卡布的脖子上，卡布的心臟跳得好快，好像就要跳到嘴巴來了。爸爸說過，等卡布長大才把胸飾給他的，現在，卡布長大了嗎？他自己心裡都還不敢相信這個事實呀！

在船長家過了第二夜，天亮之後開始招魚祭。卡布穿著盛裝，戴著爸爸的胸飾，跟其他九個人來到海邊的

• 達悟人傳統的夜魚，是大船在晚上到達漁場，把火把點燃，豎立在船尾，引誘飛魚，再用網捕撈。現在的方法是使用追逐網。附圖如下：

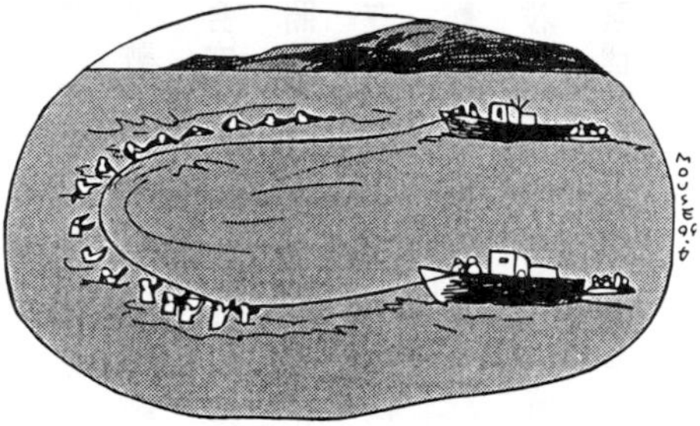

大船上。船長用刀劃破公雞的脖子，雞血滴在木盤上。船員們照次序用食指沾雞血，塗在海灘的礁石上。卡布在心裡虔誠的祈求：

「神聖的飛魚呀，請游到我們的漁場來吧！我第一次上船，不能讓大家失望呀！」

招魚祭後的隔天傍晚，捕魚行動眞正開始了！天色逐漸變暗，星星開始出現，月亮卻不知道躲在哪裡。平常，這正是休息的時候呀！卡布在隨著海浪起伏的船上，一邊划槳，一邊想起以往的每一年，爸爸也是這麼的辛苦。

到了漁場，大家收槳開始捕魚。他們點燃火把，照亮了夜的海面。天哪！卡布從來沒見過這麼多活生生的飛魚，張著翅膀，撲向火把。他發現，有紅翅膀的飛魚、有透明翅膀的飛魚，還有小飛魚。原來，爸爸說的

都是眞的！

「卡布，別發呆呀！飛魚來啦！」

卡布趕快學旁邊的人，拿起魚網撈魚。剛開始，一切都還好。飛魚多到閉著眼睛揮網都撈得到；後來，卡布太得意了，一不小心，竟然跌到海裡！還好，海水不如想像中的冷，而且他從小就學會游泳，旁邊的人也趕緊伸出援手，卡布立刻被拉回船上。

「孩子，要用最恭敬的心來捕飛魚啊！」

船長語重心長的提醒卡布，卡布也點頭說好，大家又開始專心的捕捉飛魚。

就這樣，白天在船長家休息，吃東西；晚上一起出海捕魚，一個月很快的過去。卡布學到很多夜間捕魚的技巧之外，還背著分配到的一袋魚回家了。

穿過飛魚小徑回到家裡，卡布受到英雄式的歡迎。

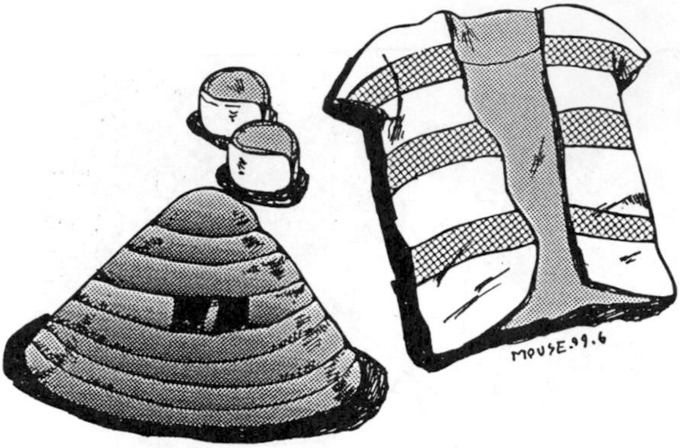

•達悟人的傳統服飾圖。

爸爸跟他說：

「兒子，你做得很好。那一串胸飾，是你的了！」

卡布高興極了，他覺得自己可以像大人一樣的跟爸爸說話：

「船長說接下來的這個月，我可以住在家裡。傍晚，我們可以划自己家的小船出海抓飛魚了。對了！你的腳好了嗎？」

「好多了。不過不能走路走太久，走久了還是會痛。坐在船裡應該沒問題，我可以幫你抓魚。」

爸爸的話，讓卡布了解，自己眞的是大人了。可是他還是有不懂的事情：

「爲什麼白天不能抓魚，一定要等到傍晚才行？」

「飛魚在教導我們祖先月分、年分的時候，也教導祖先們捕捉飛魚的方法。如果我們不按照這些方法去

•鬼頭刀，屬於鰺科，常在海水表面追捕其他魚類。

•鮪魚的外形中間圓圓，兩頭尖尖，像是炸彈一樣，又叫做「炸彈魚」。

做，以後就抓不到飛魚吃了。不要急，再過一個月，白天就可以捕魚了。」

是的，又經過一個月的白天休息、晚上捕魚，卡布終於等到白天捕魚的時候。這個時節，不但可以捕魚，還可以用勾絲釣魚。卡布爸爸的腳已經完全恢復，他覺得該是把釣魚絕技教給卡布的時候了。

這天，爸爸和卡布划著小船出海。爸爸準備勾絲釣魚的用具，希望能釣些其他的魚回來。他們先釣到一些飛魚和鬼頭刀，然後精彩的來了。那是一條圓滾滾的鮪魚，可能有小船的一半大。牠咬住卡布手上釣魚絲的另一頭，拖著小船到處游。

「啊！怎麼辦？怎麼辦？爸爸，怎麼辦？」

卡布用盡全身的力量抵抗大魚的拉力，嘴裡忙著向爸爸求救。

「這是你和大魚的戰鬥。不是牠被釣起來，就是你讓牠游走，完全看你們誰撐得比較久！」

看來爸爸除了嘴巴上的指導之外，並不打算伸手幫忙。卡布想到自己已經接受了爸爸的胸飾，一咬牙，決定硬撐到底。還好這隻鮪魚游水的速度，不算太快，新手卡布使盡全力，勉強可以應付。

太陽的位置越來越高，鮪魚拖著小船，早就游出了卡布他們部落的漁場範圍。不過他們並沒有再捕魚，只是跟著鮪魚游，所以漁場主人並沒有責怪他們，還熱情的給卡布加油。卡布爸爸一再忍住伸手幫忙的念頭，他希望卡布將來一個人出海的時候，也有能力面對這種情形。

卡布手上的釣魚絲深深陷進肉裡，感覺上好像被刀子劃出一道傷口一樣痛；滴滴汗水流進眼睛裡面，陣陣

•每一個部落都必須在特定的海域中作業，不可以侵犯其他部落的領域。這個領域，就是屬於他們部落的漁場。出海捕魚的船隻在海中一個特定的地方，聚在一起祭拜，祈求自己平安好運後，就到自己部落的漁場去抓魚。等到返航時，領祭主知道有人在海上作業犯規的話，會給予教訓。

刺痛非常難過。可是卡布都忍耐下來，他告訴自己，不能輸給這條鮪魚。終於，就在卡布以爲自己撐不下去的時候，大魚的速度慢下來了。牠越來越慢、越來越慢，最後卡布把牠拖上船時，牠甚至只拍拍尾巴兩下而已。

回到家裡，卡布倒頭就睡，連媽媽準備的魚和芋頭都沒有吃。媽媽把這次的收穫製成魚乾，收藏在陶甕裡，準備飛魚祭以後吃。

天氣越來越熱，到了一年之中最熱的季節。卡布爸爸殺了一隻山羊，卡布媽媽煮好飛魚和芋頭，全家人穿上最好的服裝一起用餐。卡布知道，捕捉飛魚的時節已經結束了。從現在到天氣變涼的飛魚終食祭，只有魚乾可以吃；過了終食祭，魚乾也要丟掉，直到明年招魚祭之後，才能再見到活生生的飛魚。

卡布不知道，飛魚教導的方法爲什麼有這麼多規

•在七月一日這天，男人要到牧場去抓山羊，女人收割芋頭番薯，打掃屋子內外環境。隔天早晨煮飛魚和芋頭，並宰殺山羊，男人女人都穿上漂亮的傳統服飾一起用餐。從這時候起，飛魚漁期結束，不能再出海捕魚。

定，但是從祖先一直到現在，人之島上的人們，都有吃不完的飛魚，一定有他的道理。卡布從心裡感謝飛魚，感謝把飛魚帶來這裡的海水。尤其是今年的飛魚季節之後，卡布知道自己已經可以做得跟爸爸一樣好了，他要大聲的感謝黑色翅膀的飛魚、紅色翅膀的飛魚、透明翅膀的飛魚和小飛魚。喔！還有那隻大鮪魚！

•蘭嶼島位於太平洋黑潮主流區上。黑潮是一條從赤道附近來的暖流，它經過台灣海域，再流向日本海附近。黑潮溫度較高，每年都會把飛魚帶到蘭嶼來。

媽祖海上顯靈威

台灣是個海島，人民靠海為生的很多；即使現在住在內陸靠山的漢人，他們的祖先在明、清兩代，移民來台的時候，也是要渡過風浪無法捉摸，安全無法保障的台灣海峽，所以，海上的守護神「媽祖」，一直被台灣人民膜拜，盛況不衰。鄭成功趕走荷蘭人，在登陸地點建廟奉祀媽祖；清將施琅領兵攻下台灣後，請求皇帝加封媽祖為「天后」，都有感謝媽祖顯靈相助的意思。

•國姓爺就是鄭成功。西元一六六一年，他帶兵攻打荷蘭人統治下的台灣，在鹿耳門登陸後，第二年就把荷蘭人趕走。從此在台灣建立反清復明的基地，直到他的孫子鄭克塽在一六八三年向清朝皇帝投降，鄭氏王朝統治台灣二十二年。

阿爸手拿三炷香，嘴裡念念有詞的，好像有很多事情要跟媽祖說。站在旁邊的阿根，手裡也拿著三炷香，卻不知道要向媽祖祈求些什麼。他看著裊裊的白煙往上升，媽祖婆靜靜的坐在那裡，祂可有聽到阿爸的心聲？

阿根聽阿爸說過，這尊媽祖神像，是國姓爺請來的。祂本來被供奉在國姓爺的船艦上，一路保護國姓爺從金門到澎湖，再從澎湖來到鹿耳門。當時紅毛番還在台灣，他們城堡上的大砲，砲口隨時面向著外海，準備砲轟來襲的船隻。爲的就是害怕國姓爺的軍隊，會打到台灣來。

「當時紅毛番的軍隊也是很強，國姓爺要是直接攻打城堡，誰輸誰贏，還有得拼命呢！但是紅毛番作夢也沒想到，國姓爺會從鹿耳門這邊上岸，所以他們才會一下子輸得慘慘慘！」阿根的阿爸最喜歡說這段故事。那

•鄭成功在攻打台灣的荷蘭人之前，他的基地在廈門和金門兩個小島上，當時廈門還沒和大陸連在一起。後來爲他在台灣臥底，擔任荷蘭通事的何斌，帶著台灣地圖來說服他進攻台灣。鄭成功想找地方作爲反清復明的基地，於是在西元一六六一年陽曆四月，率領三萬五千名軍兵乘坐四百多條船，在金門料羅灣集合，先在澎湖等候風浪平靜。四月三十日這天的黎明時分，大軍來到鹿

（接下頁）

時候，他年紀輕輕的，羅漢腳一個，剛剛渡過黑水溝，隻身來到台灣，有機會親眼看見這場偉大的戰爭，也難怪他不時都要拿出來一說再說了。

「那天早上，霧非常濃。不要說是水面的船隻看不見，連站在我面前，跟我講話的同伴，也是一片霧煞煞，人影都沒有。可是霧一散去，就嚇死人囉！數都數不清的大船，駛進了這個港口。一根一根的船桅，高高的指向天空，好像一大片樹林一樣。船隊直直開進了三面都被土地圍起來的台江，紅毛番嚇都嚇死了，根本沒有還擊的能力，一下子就退到城堡那邊躲起來了。」

阿根就像當年的紅毛番一樣，怎樣都想不通，國姓爺的大船，怎麼能在這淺灘上航行呢？眼前這條水道，沙子倒比水還多。一大群舉著大螯的螃蟹，在沙灘上跑來跑去；幾隻像廟會時候踩高蹺的水鳥，踩著淺淺的海

（接上頁）
耳門外。當時荷蘭人認爲鹿耳門的水道淤淺已久，大船不能通行，所以沒有設防，熱蘭遮城上的砲台也都面向著外海。但是何斌知道，這淤淺的河道中，其實已經沖出一條深水道來了，漲潮的時候，軍艦可以從這裡通過。清晨的濃霧，讓荷蘭人完全沒有察覺到，鄭成功已經兵臨城下了。到九點左右，潮水漲起來，鄭成功請出船上奉祀的媽祖，擺設香案祭拜，然後親自和何斌去
（接下頁）

水在覓食；就是水最深的地方也不超過阿根的肩膀。捕魚的竹筏小船，要出入還不難；載著士兵、大砲打仗的大船，要在這裡行走，眞的是很不容易哪！阿根眞希望像阿爸一樣，有機會看到大船在鹿耳門溪航行的盛況。

「這就是國姓爺感激媽祖婆的地方呀！聽說國姓爺那天早上擺了香案，祭拜媽祖婆，祈求祂讓潮水漲起來。結果那天媽祖顯靈，潮水漲得特別高，大船才能順利的開進來，這都是媽祖婆的功勞。所以，第二年國姓爺就蓋了這座媽祖宮來供奉祂的。阿根哪！就是這尊媽祖像顯靈呢！祂要是有聽到我的話，一定會庇佑我們的。」

「阿爸，你到底是跟媽祖婆求什麼啦？」

「求祂保庇你讀書讀得好，考取好功名。不用像阿爸一輩子做工、種田、捕魚，離鄉背井到台灣來，一個

（接上頁）

探看是否有深水道。傳說因爲有媽祖的顯靈幫助，這天的潮水漲得特別高，中午過後，所有船艦都開進了鹿耳門溪，在北線尾附近登陸。鄭成功並沒有硬攻熱蘭遮城荷蘭守軍，而是採用圍困政策，從陽曆五月一日，圍到第二年的二月一日，荷蘭人終於投降，搭船離開他們統治了三十八年的台灣。

肚子都塡不飽！」

阿根萬萬沒想到，阿爸求的竟然是自己讀書的事。前幾天，阿爸才聽人說，讀書人可以做官，出路很好。他決定找個教人讀書的地方，讓阿根去讀書。本來阿根以爲，阿爸只是說說而已。這幾年來，做糖的人越來越少，阿爸種的甘蔗有時候會賣不出去，家裡已經沒什麼錢了，哪有能力讓阿根讀書呢？沒想到阿爸是認眞的，還特地來求媽祖婆保佑。可是，錢從哪裡來呢？

「阿根！我想，讓你回你阿母那裡去。」

回阿母那裡？阿根懷疑自己是不是聽錯了，阿爸怎麼可能這麼說呢？四年前，阿爸爲了要帶阿根離開阿母的部落，氣得阿母都不跟他講話。阿根記得，那時阿爸是紅著眼眶離開的。四年來，阿爸不曾帶阿根回去過。今天怎麼會要阿根回去呢？

• 河流在注入海洋的時候，會帶來大量泥沙在河口堆積；海水在侵蝕海岸時，有時會產生一些岩石碎屑，這些碎屑被海水搬到適當的地方，也會堆積下來，而且越積越多，形成了海灘、沙洲或是海埔新生地等屬於海積地形的地方。

• 鄭成功爲了感謝媽祖的幫助，第二年（西元一六六二年）在鹿耳門溪邊建了一座媽祖宮，奉祀隨著他的座艦，護航來到台灣的媽祖。

（接下頁）

「我本來擔心，一直待在你阿母的部落裡，會變成跟她們一樣的番仔。當年我堅持帶個兒子走，是希望你別忘了還有一半漢人的血脈。這幾年來，日子跟當初我離開家鄉時一樣窮，整天爲塡飽肚子苦惱。我發現只有讀書，才有可能改變命運。我聽說番仔部落裡，那些紅毛番蓋的教堂，已經被官府改成教人讀書的地方。我想了很久，讓你回去那裏讀書，比跟在我身邊捕魚、種甘蔗要好多了。」

這些話，讓阿根心裏有高興、有難過，也有一些擔心。高興的是要見到阿母了；難過的是阿爸一定不會一起去；擔心的是，書會不會很難念哪？阿根覺得，剛剛實在應該求求媽祖婆，保佑自己一切順利才對。

本來，拜過了媽祖婆，阿爸就打算送阿根回阿母的部落去的，可是被一些瑣碎的事情，耽擱了一段時間。

等阿爸找出時間要出發的前一天，卻又發生了一件天大的事情。

原來國姓爺的孫子，已經向滿清的皇帝送上降書，不戰而降了。要是國姓爺還在的話，他一定不會允許這種事情發生的，可惜他在趕走紅毛番後兩年就病死了。他的兒子繼承了他的位置，情勢越來越差；到了他的孫子，竟然就向滿清投降了。

「阿爸，官府都沒了，我還要去讀書嗎？」

阿根問阿爸，阿爸也沒了主意。他們又去媽祖廟拜了好幾次，媽祖婆只是靜靜的坐在那裡，沒有什麼指示。

這天，阿根拜過媽祖婆，坐在岸邊看海浪。他覺得今天的潮水，好像漲得特別高。不久之後，一幅像作夢一樣的景象，出現在阿根眼前。

（接上頁）

清朝康熙、咸豐年間都曾重建。可是一八七四年台灣發生大水災，寺廟被洪水沖壞了。直到民國三十六年（西元一九四七年）才又在登陸處附近蓋新的媽祖廟，五十六年（西元一九六七年）又擴大建築，就是今天的樣子。現在穿過廟前廣場賣吃食的攤子，溪邊一片田地，有一間抽水站的後面是原廟的遺址，台南市政府立了一塊木牌，說明這段歷史故事。

•「潮汐」跟「波浪」一樣，也是一種海水運動。漲潮時海面會上升，海水會淹沒一部分的海濱，漲到最高點時叫高潮；落潮時海面下降，降到最低點時叫低潮。每天海水都會有兩次的漲潮和落潮，這種漲落潮的現象，時間雖然每天不同，但是有一定的規律，我們查查潮汐表就可以知道。

那是一艘艘載著兵士和大砲的船艦，緩緩的通過鹿耳門溪，來到了北汕尾港。就像阿爸說的一樣，一根一根高聳的船桅，像是一大片的樹林，一大片會移動的樹林！阿根看得人都呆了。

回到家後，阿爸告訴阿根，那是滿清將領施琅的部隊。他們占領了澎湖之後，順利的來到台灣。

「有人說施琅將軍跪地向媽祖祈求，結果媽祖再度顯靈，讓潮水漲高，所以軍艦才進得來。」

這個說法，是阿爸從外面聽回來的。阿根覺得有點奇怪。二十二年前（西元一六六一年），媽祖顯靈，讓潮水高漲，幫助國姓爺趕走紅毛番；二十二年後（西元一六八三年），媽祖再度顯靈，讓潮水高漲，幫助滿清的將軍打敗國姓爺的孫子。到底，媽祖幫的是誰呢？

阿根的問題，讓阿爸想了好久好久，想不出答案

來。還有一個問題，也一直困擾著阿爸，那就是還要不要送阿根去讀書呢？阿爸想了又想，決定再去拜拜媽祖婆。

當然，媽祖婆還是靜靜的沒有回答。可是祂卻在媽祖廟外，退了潮的海灘上，給阿根他阿爸一個明確的指示。

那是兩隻正在覓食的高腳鳥兒，牠們一前一後的在淺灘上尋找小魚。前面那隻鳥衝得快，尖嘴啄水的動作也做得多；後面這隻鳥比較靜，慢慢的一步踏一步，久久才猛地伸長脖子，射向水面。

阿根和阿爸久久注視著鳥兒。他們發現前面那隻鳥一直做白工，啄了那麼多次都沒吃到魚。後面這隻卻每次出擊都有收穫，一下子就吃得飽飽的飛走了。

「我想，媽祖婆保佑的是那種有準備、認真的人。

沒有信心、不想做事的人，媽祖婆是不會幫他的。阿根，你將來若想要過好日子，現在就好好的去讀書吧！」

澎湖海域的古沈船

明朝中葉，受到鄭和下南洋，開通了航線的影響，有不少福建、廣東人移居南洋。他們賺了錢之後，常會載運當地特產回中國販賣，來去之間，都要經過台灣海峽。澎湖位於海峽之中，附近海域商船雲集。根據學者研究，清代澎湖船難，有資料可查的，就有九十九起，顯示當時沈入海底的船隻數量可觀。近年教育部委託歷史博物館展開考古工作，為澎湖海域的古沈船，揭開神祕的面紗。

•沙蟹是沙灘上常見的小動物，牠們在沙灘上跑來跑去，常常一轉眼就不見了。因爲牠們在沙下面有一個家，當沙蟹遇到危險時，就立刻逃回沙穴裡面去。

我永遠都會記得，那是個豔陽高照的日子，我在岸邊等著上船，要到一個叫做台灣的地方。藍藍的天空，飄著白白的雲朵；微微的海風，吹起細細的浪花，這眞是個航海的好日子呀！當時，我確實是這麼想的。

人們快樂的哼著歌，把一箱一箱的貨物扛上船去。我和幾個一同出窯的同伴，擠在木條箱子裡，透過稻桿的縫隙，打量著外面的花花世界。一隻八腳橫行的螃蟹，爬到木條箱子外頭，弄得稻稈欷嗦欷嗦響。我並不喜歡這個無禮的訪客，牠身上那股鹹溼的味道，讓我很不舒服。可是我一動也不能動，完全沒有辦法。直到兩個工人過來，把木箱子抬起來，那隻螃蟹才掉到海灘上。這些年來，當我把所有的事情都想過一遍，沒什麼好打發時間的時候，我就會想起那隻螃蟹，不知道牠傷得重不重。

•澎湖群島位於台灣海峽東南部，由六十四個島嶼組成，面積一百二十七平方公里。它和台灣本島西部海岸距離大約五十公里，其中以澎湖、漁翁、白沙三個島的面積最大。它是台灣省唯一四面環海的一縣，在澎湖島、白沙島與西嶼之間的澎湖港，是天然良港。群島位在台灣海峽重要地點，明、清兩代來台的移民，部分是經由澎湖再到台灣本島。

大船離了港，張起帆來向前行。不知道什麼原因，我們這箱粗陶被放在甲板上，沒有像其他貨物一樣，放在船艙裡。我覺得這樣很好。涼涼的海風，吹進箱子裡來，讓我全身的毛孔都張了開來，那種感覺眞是舒服！我看著大船桅柱上的刻痕，吹著舒服的海風，不知不覺的，竟然睡著了。

我被一陣劇烈的搖晃驚醒！海浪把大船高高舉起，再重重摔下，船上的人們驚惶失措的跑來跑去，不知道忙些什麼。他們腦後那條長辮子，也跟著主人無助的掃來掃去。沒有人想起我們這箱粗陶器，箱子在甲板上撞來撞去的，沒兩下子就散開來了。我心裡想，這下完蛋了！這種摔法，別說是我，就連大船也會被摔成碎片哪！

「前面……澎湖，暫時……停靠……，等……。」

• 海藻，海產藻類的總稱，通常都固定在海底或某種固體的東西上面，如紅藻、綠藻和褐藻。它們的根狀固著器只有固著的功能，而不能吸收營養。

大風大雨之中，我斷斷續續的聽到有人在說話。話都沒聽完，一個大浪打來，船身一斜，我竟然和兩個同伴，跟著水流離開箱子，離開甲板，離開那艘要到台灣去的大船。

我昏過去了！我眞的昏過去了，等我醒來的時候，發現自己正頭下腳上的蓋在一棵樹枝形狀的海藻上。海水已經安靜下來，只是輕輕的搖晃。一些色彩鮮豔的魚，在我身邊游來游去。

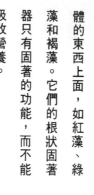

「這是什麼地方？我在哪裡？」

沒人回答我的問題，倒是一隻魚游過來碰碰我的身體，然後又慢慢游開。我想我是在海裡頭吧？天哪！一只陶壺，在海裡頭能做什麼呢？我四處看看，希望能找到一起摔進海裡的那兩個同伴。

我發現我蓋住的海藻，長在一片像山坡一樣的石壁

•海龜就是指生活在海中的龜類。海龜的一生都在海裏度過，只有產卵季節到了，大群的同種雌海龜，會回到原來出生的海灘上產卵。牠們拖著巨大的身體爬到離海很遠的岸上，用像蹼一樣的後足，挖一個很深的洞，把卵產在裡面，一次大概可以生一百到兩百個龜卵。生完後，雌海龜會把洞填好，然後才爬回海裡去。七到十個星期之後，很多的小海龜破殼而出，互相幫忙爬出洞穴，一起向海中爬去。

上。石壁斜斜的往上伸展，頂端大概突出海面，變成一座小島。往下看去，前面有一片較平緩的地面，長滿了長長的海草。海草叢裡，纏著幾塊破裂的陶片。

陶片？沒錯！上面的花紋，跟我身上的一模一樣，我的同伴已經碎成片片了！我不知道自己是幸運，還是不幸？在我對未來的想像中，從沒有是困在一叢海藻上面的。我當時想大叫出聲，想大哭一場，想乾脆也碎成片片算了！可是，我一動也不能動的，靜靜掛在那裡。啊！台灣，我永遠也無法到達的地方。我當時確確實實是這麼想的。

不曉得在那裡掛了多久，時間已經完全失去了意義。我常常看到船的影子，在上面來來去去，卻沒有一個人看見我。有時候我會想到，當初載我出發的那艘船，是不是也曾在上面經過呢？上面的人，是不是曾經

• 在深海海底的地形，高低起伏，非常複雜。一般分爲凹窪地形和隆起地形兩大類。

1. 窪陷地形，就是地面凹下去的地形。例如海盆（在大洋盆地裡面圓形的窪地）、海溝（海底狹窄而且很長的凹陷，像是很深很長的水溝一樣的地方）、深淵（海溝底部最深的部分）。

2. 隆起地形，就是地面凸起來的地形。例如海凸（海底長長的，範圍廣大的凸起部

（接下頁）

找過那三個摔落海中的陶壺呢？我不知道。那時候我當然不知道！不過，後來我在更深的海裡，找到了答案。

有一天，前面那片海草床上，來了幾隻大海龜。牠們好像游了很遠很遠的路，才找到這片海草，拼命的把海草吃到肚子裡頭去。牠們不但吃海草，連海藻也吃。其中一隻游到我身邊的海藻叢來，我心裡有點害怕，又有點期待，不知道牠過來要做什麼。其實，牠根本就沒看到我，牠是被這叢海藻吸引來的。不過牠的大扁腳輕輕一划，卻把我推離海藻，往斜坡底部滾下去。

我一直以爲海就是我看到的那個樣子。亮晃晃的陽光，照著溫暖的海水。海水裡的海草，不斷的跟著海流跳舞，大大小小的魚兒蝦蟹，在海草之間穿出穿入。當我往下滾的時候，我發現原先我在的石壁和前面的海草床之間，隔了一條深不見底的大溝，而我正往海溝的深

（接上頁）

分）、海嶺（海底像山脈一樣的地方）、海台（海底隆起來的地方很寬廣，而且頂部平坦，像台地一樣的地方）、海山（海底的島嶼）、海底方山（頂部平坦的小高地）。

•軟泥是深海裡的沈積物，其中微體浮游生物的殘骸至少占百分三十以上。依據它所含的浮游生物殘骸性質，可以分爲鈣質軟泥和矽質軟泥兩類。

處滾下去。海中的陽光越來越弱，周圍的海水越來越冷。海，完全變了一個樣子。海草沒有了，小魚也不見了；換成比我還大的魚，像船一樣的四處航行。

就在我停下來的時候，我發現了那艘船，那艘本來要載我到台灣去的船。我又回到了它的甲板上來了！本來在漆黑的海水中，我根本無法辨別自己身在何處，不過幾次身上帶著亮光的魚游過來之後，我看到了船桅上的刻痕，我知道自己又回到大船上來了。可是，大船也自身難保了呀！它停在這裡，船帆破了，桅柱斷了，人也不見了，它是沒辦法航行到台灣去了。

這裡的海水，幾乎不再流動。大船停在海底厚厚的軟泥上，就像從來不曾動過一樣。這時候，時間又失去了意義。我開始遙遙無期的等待，至於等待什麼？我自己也不知道。

•深海裡陽光照射不到，黑漆漆的，什麼都看不見。這裡的生物只好靠自己製造光線。生活在深海的魚類，大部分都有發光器官，牠們所發出的光線並不很亮。一般會發光的大部分是魚類，不過有些烏賊和水母也會發光。有一種深海的烏賊，牠能吐出發光的墨汁，來躲避敵人的追擊。有些沒有發光器官的深海動物，也會發光，那是因爲牠們身體表面上有發光的細菌寄生。

於是，我把從前的事一想再想。我想出發那天的陽光和藍天，海風和浪花，還有那隻摔落海灘的螃蟹。我想那場狂風暴雨，我想那隻推我的海龜，我想所有我經歷過的事情。我以爲除了想像之外，不會再有事情發生了。直到那天，我看見了一個人！

剛開始，我以爲他只是一隻魚，一隻會發光的魚。他能給我帶來的好處，只是提供光線讓我看看四周。後來我發現他沒有魚鰭和魚鱗，卻有兩隻手和兩隻腳。更奇妙的是他抱起了我，開始往上浮，往上浮，一直往上浮。

光線越來越明亮，海水越來越溫暖，我又回到海面上來了。我高興得想大叫，可是卻發不出聲音來。不過這個人好像比我還興奮，他對著拉他上船的人吼：

「船！下面有船！」

然後他小心翼翼的把我交給另外一個人。我好好的打量這兩個人，我可以確定他是人沒錯，可是他們的樣子眞是奇怪。沒有長辮子，身上包的布也跟當初大船上的人不同，還好他們說的話我還聽得懂。

「哎呀！這看起來像是清朝的古物，大概有一百年的歷史了。我們最好把他送到台灣，請專家鑑定一下。」

一百年的古物？這是在說我嗎？台灣？要送我去台灣嗎？一連串的問題，弄得我昏沈沈的，我得深深吸幾口氣才行。我想我一定是又昏過去了，昏過去後才產生了這種幻覺。我覺得……，覺得自己飛了起來！飛在高高的藍天之上，下面有藍色的海洋，海上有散落的小島。小島的邊邊，還鑲著一圈白色的浪花。後來，我聽見有人說到台灣了，我才確定剛才的飛行不是幻覺。

•教育部於民國八十四年，委託國立歷史博物館在澎湖縣將軍嶼及大塭間海域，進行古船發掘工作，並將那個區域命名爲「將軍一號」，從八十七年五月底開始水底考古工作。

其實，到現在我也還是昏沈沈的。我不知道「記者會」是什麼東西，我完全沒想到會有這麼多人來看我，我只是一個粗陶壺而已呀！不過，我眞的是個幸運的陶壺。我坐過大船，我去過深海，我坐過飛機，最後我來到了台灣！

呵！或許你們這些人根本沒有聽到我在說些什麼。不過，這也沒什麼關係，我自己可是說得痛快極了。如果眞有人聽到了我的話，千萬別怪我囉嗦，畢竟我已經等了一百年了呀！

海上來的敵人

十七世紀開始，來自歐洲的強國，都看上了台灣優良的地理位置，希望能把台灣占為己有，當做他們在東方做生意賺錢的基地。先是西班牙人、荷蘭人，然後是英國人、法國人。他們派遣軍隊從海上來，台灣的住民就建造砲台來抵抗。不論輸贏，戰事早已過去，只留下一座座的砲台，讓後人記取歷史的教訓。

•中國人把農曆七月稱爲「鬼月」，七月一日開鬼門關，七月三十日關鬼門關，所有的孤魂野鬼都從陰間放假一個月，到人間來找東西吃。這個月當中，有許許多多的禁忌，不能游泳玩水，就是其中之一。

志新走出月台，一眼就看見大表哥在出口跟他招手。他知道，一定是媽媽的電話比火車早到基隆，千交代萬交代的，一定要大表哥到火車站來接他。志新最煩媽媽的就是這一點，都已經要上國二了，媽媽還是把他當國小學生來管。

「怎麼？又跟舅媽鬧彆扭啦？」

大表哥的第一句話就這麼問，眞不知道媽媽在電話裡說些什麼。其實，怎麼能說是志新跟媽媽鬧彆扭呢？這樣說，表示志新不講道理，隨便跟媽媽發脾氣；可是今天早上，明明是媽媽先不講理的呀！大毛打電話來，不過是想邀志新去游泳而已，媽媽就劈哩啪啦的回絕他了。最可笑的是，不能去游泳的理由竟然是，現在是農曆七月，也就是老人家說的「鬼月」，去游泳的話太危險了！

•基隆港是北部最大的國際港口，也是重要的漁港。港口三面被山包圍，外面窄裡面寬，形狀看起來像個雞籠，所以以前就叫雞籠港。港口外面還有兩個小島：和平島（舊稱大雞籠嶼）和基隆嶼（舊稱雞籠嶼），現在和平島已經有橋和本島陸地相連。基隆因爲沒有大河帶泥沙來堆積，港口的水很深，是一個天然的好港口。但是基隆下雨特別多，有雨港之稱，對於船隻的裝卸作業很不方便，是它的缺點。

天哪！農曆七月不能游泳，這是哪一國的規定啊？志新本來想跟大表哥說清楚，想想又算了。去年大表哥上大學以後，就變成大人了，大人是不會管小孩子在想些什麼的，說了也是白說。

「心情不好的話，我先帶你散散心，等一下再回家。」

畢竟表哥變成大人沒多久，馬上知道志新不高興什麼。志新高興的跳起來說：「太棒了！去游泳好不好？」

表哥搖搖頭，他說：

「舅媽交代，不能游泳！不過，我要帶你去的地方也不錯。快上車吧！」

表哥拿頂安全帽給志新，要他坐上摩托車後座，然後發動車子。志新像是洩了氣的皮球，意興闌珊的一句

•地球是圓的，所以在海邊看船有此現象。

話也沒說，根本不管要到哪裡去。直到摩托車來到基隆港邊的馬路上，志新越過高高的圍牆，看到那些像樓房一樣的大船。

「哇！好大的船呀！灰色的是軍艦；掛了別國國旗的是商船。對不對？表哥。」

志新從小就喜歡船，大表哥知道帶他來看船準沒錯。他跟志新說：

「沒錯！沒錯！等一下到和平島那裡，給你看個過癮。」

表哥帶志新去的地方，是個長長的堤防，就在和平島公園的旁邊。那裡眞的有很多大船，有的從遠處的海上駛來，原本小小的一點，越來越大，越來越大，在志新前面經過的時候，像是一棟海上的樓房。有的船正好相反，它們正要出海，巨大的船身，越走越遠，越變越

•清道光十八年，擔任「台灣道」的姚瑩，在基隆港港口正對面的「二沙灣山」上建設砲台，總共置了八座大大小小的砲，並在城門上刻有「海門天險」四個大字。因為他知道基隆港的港口寬深，是很好的軍事港，英國人一定會來侵犯，於是就先做準備。果然砲台建好的第二年，英國人就來了，在海上用砲火猛攻基隆。還好砲台發揮功用，回擊英軍幾砲，擋住英軍的攻勢。

小，最後變成小點不見了。

志新忘了不能游泳的憤怒，他在堤防上走來走去，東看西看的。這裏有人釣魚，有人慢跑，有人像大表哥一樣，光坐在那裡吹海風，什麼也不做。可是奇怪的是，人家看的是海，大表哥卻轉身看後面的山。

「大表哥，你在看什麼呀？」

「我在看那些山。我想明天帶你到山上去看看。」

「山？山上有什麼好看的！」

「砲台呀！你看這基隆港深入陸地裡面來，除了大海那一面之外，其他三面都是山。這些山上，共有四座砲台呢！」

「砲台是什麼東西？」

「就是發射大砲的地方呀！當敵人的軍艦從海上來進攻的時候，在山上發射大砲，阻止他們上岸，全要靠這些砲台才行。」

「敵人？表哥，你是說這裡曾經打過仗啊？」

「沒錯！你記得清朝時期的鴉片戰爭嗎？當時英國的軍隊打敗清軍之後，曾經來攻打台灣，他們就是打算在基隆登陸的。後來因爲在台灣的官府，早就在港口正對面的『二沙灣山』上修築砲台，不但把英國人的軍艦打跑，還抓到不少俘虜呢！」

「哇！這個厲害！表哥，你剛剛說砲台還在是不是？那還能發射大砲嗎？」

「早就不能發射啦！大概是在光緒十年（西元一八八四年）的時候吧，又發生了中法戰爭。這回，來的是法國人，就是他們把砲台摧毀的。法國人在基隆、淡水一帶和守軍僵持了將近十個月，雙方都死傷慘重。直到第二年清朝政府和法國人簽定和約，他們才把軍隊撤

•光緒十年（西元一八八四年），法國軍隊先派兵偵察雞籠、滬尾（淡水）兩個港灣，打算登陸雞籠，在淡水會師。然後在八月五日，法國軍艦進攻雞籠港，第二天摧毀了二沙灣海門天險的砲台，並由大沙灣登陸。不過法軍馬上又被守將蘇得勝、孫開華、章高元等人率兵擊退。法國軍隊於是開始封鎖台灣西部海岸的各個港口，到了十一月二日再次攻打雞籠，這回守軍退到了獅球

（接下頁）

（接上頁）
嶺。十一月二十四日法軍占領滬尾。第二年的三月三日，占領基隆港的法國軍艦，再度開火砲轟獅球嶺砲台，清軍退到了六堵和暖暖。直到四月四日，雙方簽訂協議，四月十六日法軍解除台灣海峽的封鎖，六月二十一日撤除基隆的法軍，七月二十一日撤除澎湖法軍，到八月四日完全撤離。

走。」

志新聽了表哥這些話，突然覺得歷史課本上的東西，不再那麼遙遠，這裡曾經是砲聲隆隆的戰場啊！可是，眼前的一切是那麼平靜。輕柔的海風，飛翔的海鳥，悠閒的人們，和剛才聽到的事件，眞是難以聯想在一起。

「表哥，你說的是眞的嗎？」

「無法想像對不對？明天帶你去看就知道啦！還有，那砲台附近有個法國公墓，就是埋葬當年戰死的法國人的。明天那裡還有一場很特別的普度呢！」

「特別的普度？什麼意思？」

「哎呀！太陽都下山了，我們趕快回去吧！不然我媽等不到人，鐵定會把我罵得很慘。」

唉！看來大人也會怕被媽媽罵的。志新和表哥戴好

•普度時，家家戶戶都會準備豐富的祭品來祭祀孤魂野鬼，而且大量焚燒銀紙給他們使用，因爲民間相傳，如果普度時準備的東西不夠，那麼這家人將會受到孤魂野鬼的報復。

安全帽，急忙騎車離開堤防。可是到了八斗子漁港附近，志新被一件事吸引住了，纏著大表哥非停下來看看不可。

那是一群人在放水燈。他們在寫著「慶讚中元」的紙糊房子裡，點上一枝蠟燭，然後把紙房子放在港邊的水上。燭光透過棉紙，散發出柔和的光芒，照映著水面也閃閃發亮。水燈一盞接著一盞，順著水流漂向外海；燈影一個接著一個，跟著水燈流向外海。志新還不曾見過這麼美麗壯觀的場面呢！

「小時候，最喜歡跟我阿嬤來看人家放水燈了。我阿嬤說，放水燈是要請在海上游蕩的好兄弟來接受拜拜。水燈流得越遠，放水燈的人家這一年就越順利。」

原來放水燈還有這些涵意，這是家住山裡頭的志新想像不到的。大表哥還說，靠海的地方會有這種習俗，

是因爲討海人家在海上一去不回的情形不少，他們希望海上的好兄弟，不要錯過一年一度的盛宴，就用水燈去通知他們。

看過水燈，回到表哥家裡，姑姑一看到志新就說：

「快打個電話回去給你媽媽，她已經打了好幾通來了。」

志新覺得快受不了了！連到姑姑家來了，媽媽都管得那麼緊，他是跟大表哥在一起呀！他撥了電話，聽到媽媽的聲音，就大聲的說：

「我沒有去游泳啦！表哥說明天要帶我去山上看砲台，不去游泳。」

媽媽在電話中，又交代了一堆事情才放過志新。

「小子，你說話很衝喔！」

表哥輕輕捶了志新一下，姑姑就催著他們去吃飯

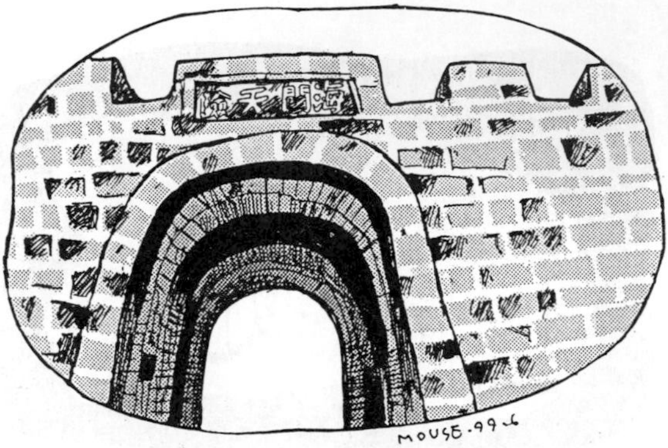

了。

第二天，表哥按照計畫帶志新去看砲台。他們停好摩托車，開始沿著石階往上爬。大概因爲今天是中元節，大家忙著準備拜拜，所以很少人到這裡來。一路上安安靜靜的，只有幾聲鳥叫。

走著，走著，志新抬頭看見了一座高聳的城門。那是一座磚塊疊成的城門，下面有個圓形的拱門，拱門上方寫著「海門天險」四個大字。

「志新，你來一下！」

表哥把志新叫到砲台旁邊，讓他看看挺立的大砲。在一個長方形的架子上，一個由大而小的圓筒子向前伸出。筒子相當長，可能比志新的身高還長。時間過了一百多年，大砲仍然忠實的站在這裡，砲口朝外，爲台灣阻擋從北方海上來襲的敵人。

其實這裡除了城門和大砲之外，還有彈藥庫、士兵的營區、古井和一個供神的地方。從這些當年遺留下來的建築，大都已經毀壞傾圮中，不難想像出那個砲聲隆隆的年代，人們爲了保衛家園，所做的努力。而那些可惡的侵略者，應該也付出了慘痛的代價。

帶著對侵略者的憤怒，志新從海門天險下來，看到了對面的法國公墓。有一些人在那裡忙進忙出的，不知道在做些什麼。仔細一看，還有幾個外國人和牧師或是神父的，也在人群中走動。

「表哥，他們在做什麼呀？」

「今天是中元節，他們是在普度吧！」

「普度？那裡是法國公墓欸，法國人也普度嗎？」

「普度是祭拜孤單無依的好兄弟。那些當年戰死的法國人，埋在台灣已經有一百多年了，可以算是台灣的

好兄弟啦！所以中元普度請他們跟台灣的好兄弟共享，也是應該的呀！」

「可是，是他們自己要來打台灣人的啊！」

「那是一百年前的事了，我們不能老是記恨在心吧？再說，歷史不只是誰打誰那麼單純的。如果你對這件事有興趣的話，我知道十月分有個關於這個事件的文物展覽，到時候你再來基隆一趟，我陪你去看看。」

表哥眞的是大人了，他好像什麼都知道的樣子。志新突然想到了一個問題來考他：

「表哥，爲法國的好兄弟普度，要準備什麼東西才好呢？」

「喔！我想想看。就用法國人最愛的法國麵包和紅酒吧！」

表哥說完，想起了一件事：

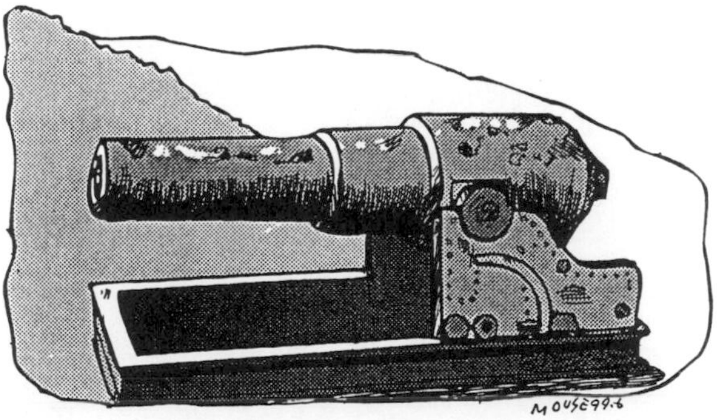

「說到準備東西，志新，我們今天要早點回去才行。我還得幫忙準備晚上普渡的東西呢！」

「好啊！我也要幫忙。我媽說我在姑姑家要幫忙做事，不能當光吃飯的米蟲。還有，我也該打電話回家去給媽媽，免得她又緊張兮兮的一直打電話來。」

「咦！不生舅媽的氣啦？」

「沒什麼好氣啦！連戰爭中的敵人都可以原諒了，怎麼能跟自己的媽媽賭氣呢？」

「哈！說得好。快回去打電話吧！」

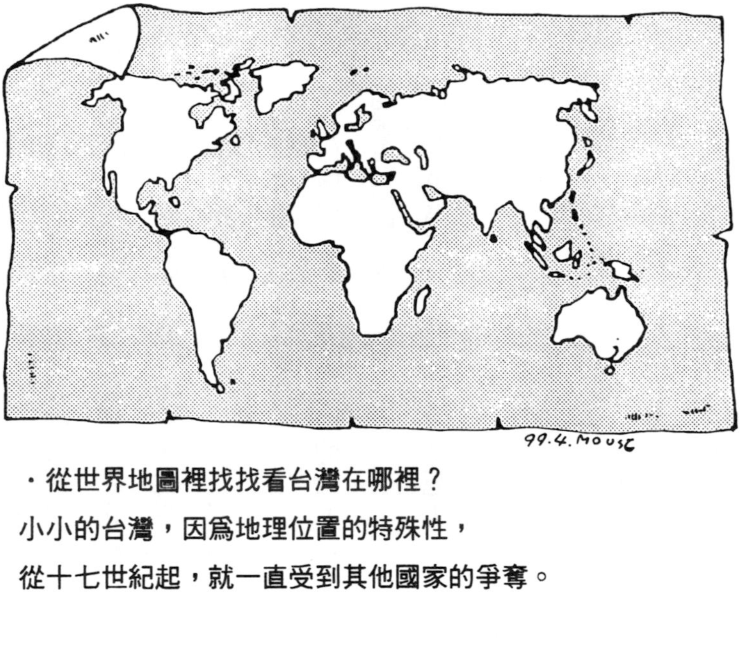

・從世界地圖裡找找看台灣在哪裡？

小小的台灣，因爲地理位置的特殊性，

從十七世紀起，就一直受到其他國家的爭奪。

台灣的海防重鎮

十九世紀以來，歐洲各國仗著船堅砲利，紛紛到亞洲來建立殖民地；亞洲的新興國家日本，也加入對外侵略的行列。以當時的作戰方式，和台灣四面環海的地理位置而言，海防是相當重要的。沈葆楨為了抵擋日軍，積極加強本島自身的防衛力量，在安平南邊的二鯤鯓建築大砲台。後來台灣因清廷的失敗而割讓給日本，台灣人在此最後的抗爭，仍是日本人所意想不到的厲害。

• 為了防止海風侵襲，於是在海邊種植樹林來阻擋海風。本省海邊一般多種植木麻黃為防風林。

夕陽就要沒入海中，黑暗即將統治世界；這時候，卻是一天當中陽光最為耀眼，雲朵最為燦爛的一刻。小朱他們班的畢業旅行行程，就在這麼美麗的黃昏，來到台南市區非常出名的旅遊勝地——億載金城。

「哇！眞的是名副其實的金城呀！你看，一片金光閃閃的，好特別喔！」

小朱大驚小怪的聲音，同班同學們早就習慣了。但是另外一個人的話，就讓同學們全都抬起頭來看了。那是一向不開玩笑的班長，他也說：

「原來就是這樣金光閃閃的，才會叫做億載金城啊！」

眞的，全班都被這美麗的地方迷住了。夕陽的光芒，穿過隨著海風起舞的防風林，亮亮晶晶的光點，在城牆上四處跳躍。這座城，看起來就像金色的一樣！

「拜託一下，好不好？什麼金色不金色的，等太陽一下去，就變成黑色的啦，那是不是要改名叫黑城？那個金哪，才不是指顏色，它指的是黃金！」

將來長大打算賺大錢的大胖，最不喜歡同學們這樣一副浪漫的樣子。他覺得這裡很有可能是以前的人埋藏金銀財寶的地方，所以才會叫做金城。

「你們看，那邊就是大海了嘛，說不定這裡正是海盜們藏寶的地方喲！」

大胖越說越相信自己的推測是正確的。可是小朱卻笑他財迷心竅，動不動就想到黃金。

大胖不服氣，兩個人你一句、我一句的吵起來了。還好，邱老師也下了遊覽車，過來看看怎麼回事。

「天哪！你們這樣吵到天亮也不會有結果的。我們先四處參觀一下，說不定可以找到答案喔！」

•在城堡四周用人工挖掘出來的河流，有阻止敵人入侵，保護城堡的作用。

老師的話一說完，全班同學一哄而散，急著四處找答案去了。

小朱先往城門衝，他發現要到城門還得先過一座橋才行。橋下的河，看起來怪怪的，他卻又說不出來是哪裡不對。

「這條河是特別挖來保護城堡的，叫做護城河。」邱老師也走過來了。她看小朱直往河裡看，就這樣跟他說。小朱這才注意到，這條河眞的是繞著城堡走的，河道跟城牆一直保持著差不多的距離。

「嘿！小朱，你快……點過……來！我說得……沒錯，這裡……一定是……埋黃金的地方。」

大胖氣喘嘘嘘的站在拱型城門下，叫小黑過去。原來他在小朱看護城河的短短時間內，已經用衝刺一百公尺的速度，在城堡的內圈跑一遍回來了。

「你看，這裡面有五座大砲，一定是爲了消滅來搶黃金的敵人而建造的。」

小朱順著樓梯爬上較高的一層，他發現整個城堡像個五角形的星星，在五個突出去的地方裝了五座大砲。這些大砲眞是爲了保護金城裡的黃金而設置的嗎？小朱不知道自己該不該相信大胖的說法。

「大家都到這邊來坐吧！」

是邱老師叫大家過去，她說要揭開謎底了。小朱說的不對，大胖猜的也錯了！億載金城有一段轟轟烈烈的歷史呢！邱老師在出發之前，針對這次旅行要參觀的各個地方，都蒐集了相關的資料，現在正好爲大家上一上歷史課。

清朝末年，西方各國派遣船堅砲利的船隊到東方來，對衰弱的滿淸朝廷予取予求。看在剛剛振興的日本

•日本人覬覦台灣已久，趁著西元一八七一年時，六十六名琉球人捕魚漂流到台灣東南端的八瑤灣（現在的屏東佳樂水北邊），因爲誤入牡丹社，五十四人被原住民殺害，日開始積極計畫攻台。他們先在一八七二年派陸軍少佐樺山資紀和水野遵等人，祕密來台灣進行軍事和港口的調查。一八七三年又派外務大臣副島種臣，到北京向清朝政府提及台灣原住民殺害琉球漁民的事情，

（接下頁）

國眼裡，他們也想從中國得到一些好處。日本國的第一個目標，就是台灣！

「同治十三年，發生了牡丹社事件。日本人以琉球漁民被台灣原住民殺害爲藉口，發動軍隊進攻台灣。清廷派了沈葆楨到台灣來主持大局。」

「我知道！我知道！我剛剛還看見他呢！」

老師說的故事被大胖打斷了，本來大家都不想理他，可是大胖的話實在是太離譜了，每個人都轉頭狠狠的瞪著他。一百多年前的人欸，大胖眞是吹牛不打草稿哇！

「不是啦，我是說，我是說我剛剛還看到他的銅像。」

大胖吐吐舌頭，趕緊跟大家說淸楚。邱老師被他逗得笑出聲來，好一會兒才繼續說：

（接上頁）
以取得出兵台灣的合法性。終於在一八七四年（清同治十三年），三千六百名日軍由恆春北邊登陸，圍攻牡丹社，逼迫原住民投降。並且在南台灣屯田駐軍長達六個月之久。這時候，清廷任命沈葆楨爲欽差大臣，到台灣來辦理海防等各項工作。

「爲了紀念沈葆楨，這座城堡裡確實有一座他的銅像。其實，這座城堡就是他爲了鞏固台南的海上防衛力量，抵抗虎視眈眈的日本人而建造的。這裡設置了五座大砲，城外有護城河圍繞，城裡還有存放糧食、兵器火藥的地方，以及伙食房、兵房，算是規模很大的堡壘。完工以後，他還親自在城門題了『億載金城』四個字，希望這座城堡能夠固若金湯，不會被敵人打倒，幾千幾億年之後，仍然屹立不搖！」

「固若金湯是什麼意思呀？」

唉！又是大胖。小朱不耐煩的說：

「那是一句成語啦！就是很堅固的意思嘛！平常叫你讀書，你不讀，現在後悔了吧？」

「堅固就堅固嘛，爲什麼要說金啊湯啊的？」

這次大胖把小朱問倒了，他真的不知道爲什麼用金湯來表示堅固。還是邱老師來解危：

「金，是說像黃金一樣堅固；湯，是說像熱湯一樣燙，都是讓敵人攻打不下的意思。所以億載金城，不是金色的城，也不是埋著黃金的城，而是堅固的城！」

這堅固的城堡，後來有沒有擋住日本人呢？好學的班長，迫不及待的請邱老師說下去。「沈葆楨在台灣的那段時間，日本人確實沒占到什麼便宜。可是億載金城建好的二十年後，這裡卻成爲台灣人與日本人抗爭的最後一個據點。」

邱老師說到這裡，停下來好一會兒。剛剛還在西邊，把城堡映照成金色的太陽，已經完全沈入海底，不過天色還是很亮。夏天的傍晚，在太陽休息之後，總還是要亮上好一陣子。

「甲午戰爭之後，清廷把台灣割讓給日本。台灣人

•甲午戰爭之後，西元一八九五年四月清廷與日本簽訂馬關條約，把台灣和澎湖割讓給日本。李鴻章的兒子李經方代表清廷跟日方代表交接時，他很擔心台灣住民報復，所以在船上懸掛德國國旗，保護自身的安全。他還兩次登上「橫濱丸」，與日本第一任總督樺山資紀會談，要求顧及他的安全，改在基隆三貂角外海辦理交接。樺山接受了李經方的要求，改在軍艦上簡單的辦完交接事宜。

民抗議不成，清廷還是派李鴻章的兒子李經方爲代表，在海上跟日本人辦理交接。於是台灣人民推舉唐景崧爲大總統，成立了台灣民主國。日本人當然不肯放棄台灣，他們先從基隆外海進攻，打算從淡水登陸。但是受到岸上砲火猛烈攻擊，後來改在澳底登陸，從背後攻進基隆。沒多久，在北部的台灣民主國政府就被日本人打敗了，剩下南部的黑旗將軍劉永福領軍和日本人對抗。他們最後的據點就在億載金城。那年十月中旬，日本人的軍隊有的在布袋口登陸，有的在枋寮登陸，再加上由北南下的近衛師團，三面夾擊台南，後來他們還派軍隊在打狗、安平的外海警戒。最後劉永福逃走了，台南附近有一些戰鬥發生，直到十月二十一日，日軍攻進了台南市。從此台灣全島都在日本的統治之下，時間將近五十年左右。」

•清廷把台灣割讓給日本後，台灣居民爲了反抗日本人，在西元一八九五年成立台灣民主國，以「永清」作爲年號，「藍地黃虎」爲國旗，當時的台灣巡撫唐景崧擔任「台灣民主國總統」，南部軍備劉永福爲「台灣民主國大將軍」。

•劉永福，中法越南之役，以帶領黑旗軍而名震海內；甲午戰爭時，奉命來台灣幫忙辦理軍務。「台灣民主國」成立時，被推舉爲大將軍。後來唐景崧偷渡回到大陸後，劉永福總攬全台軍民政務，希望能抵擋日軍占領台灣。直到台南淪陷後兩天，他也坐船逃到廈門去。

•港口因堆積作用，泥沙越來越多，水深越來越淺，最後失去了港口的功能。堆積作用一般分爲河水堆積、海積、風積、冰河堆積四種。

原來，這裡還有一段這麼轟轟烈烈的大事！可是現在除了大砲之外，草木扶疏，風景優美，就像一般的觀光勝地一樣，實在看不出它的地位曾經那麼重要。這裡爲什麼不像以前那樣有重兵駐守了呢？

「一方面是安平港已經淤淺，軍艦無法在這裡登陸；更重要的是，現在的作戰方式，不像以前那樣以艦隊爲主，所以這裡在軍事上已經不再那麼重要了。」

邱老師說到這裡，天色已經完全暗下來了，眞的有點像大胖說的「黑城」啦！同學們回到遊覽車上，準備到旅館住宿。

不像前幾站那樣，大家吃吃喝喝，打打鬧鬧；四處走馬看花，看完就回旅館洗澡睡覺。

這一次，小朱在遊覽車上，一再的回頭看靜靜站在暮色中的億載金城，心裡想的是造城的沈葆楨。沈葆楨

知道當初蓋來抵擋日本人的大砲台，最後還是被日本人統治了五十年嗎？如果知道的話，他心裡怎麼想呢？他知道當年的海防重地，現在成了觀光勝地嗎？知道的話，他又怎麼想呢？

小朱爲自己對「金城」的解釋，覺得有點不好意思，大概有人聽了之後，在旁邊掩著嘴巴偷笑吧？不過應該比大胖的說法要好一些吧？不管如何，他決定下次要去什麼地方之前，一定要先蒐集當地的資料，才能像邱老師一樣，「讀萬卷書，行萬里路」嘛，不會再像今天這樣鬧笑話啦！

近海漁業的貴族魚種——烏魚

台灣擁有一千六百公里長的海岸線，和廣大的大陸棚，再加上四種海流的影響，使得台灣沿海的魚類有兩千多種，其中食用魚類有兩百多種，這是發展漁業得天獨厚的最好條件。烏魚可說是台灣近海漁業的貴族魚種，在漁民口中有「烏金」之稱。每年烏魚來的時候，幾乎全台灣的漁船，都想藉機發筆烏魚財。但是，有時候因為產銷的問題，能不能賺錢還不一定呢！

•在陸地和海洋交接的地方，往海的方向延伸下去，有一段坡度平緩的地帶，稱爲「大陸棚」。台灣位於亞洲東部的大陸棚地區，這裡有很多的海中生物。

「阿明啊！去樓下請阿公上來。現在才八點半，福伯公他們不可能這麼早到的。早上的風特別冷，阿公在路口會凍壞的。」

阿明剛起床，正在浴室裡刷牙洗臉，媽媽就大呼小叫的要他到樓下找阿公。

「媽——，沒用的啦！你又不是不知道，阿公沒等到福伯公他們，是不會上來的。每年都是我去叫阿公不要等，然後每年都是我陪他在樓下吹冷風。」

阿明嘴裡這樣說著，還是披起外套，準備到樓下去。媽媽從廚房出來，看阿明已經穿好衣服，就叮嚀他：

「去阿公房裡，看他的圍巾有沒有圍下去，沒有的話，就帶下去給阿公。我覺得今年過年特別冷，老人家別感冒了才好。你呀，不要抱怨啦！年三十阿公給你的大紅包，還放在口袋裡暖暖的。阿公最疼你了，陪他站一下也是應該的。對了，順便看看你爸爸回來沒。他去青果市場買福伯公最愛吃的大椪柑，不知道買到沒有。要是……。」

「知道了，知道了！我馬上就下去。」

阿明最怕媽媽的嘮叨功，再不下去的話，媽媽鐵定沒完沒了！阿明拿了阿公的圍巾，用最快速度衝下樓去。

阿公站在路口，專心的從車流中尋找福伯公他兒子的紅色轎車，一點都沒發現阿明走過來了。

「阿公，阿公，這風好冷呀！我幫你把圍巾拿來了。」

叫了兩聲，阿公才回過頭來。他看看圍巾，搖搖頭：

•海流是海水運動的一種。因爲固定的風向，加上地形、潮汐和氣壓的影響，使海水整年都向著一定的方向流動，就形成了海流。台灣附近有四種海流：從赤道附近挾高溫沿台灣東、西部海岸，流向日本海附近的「黑潮」；沿著大陸海岸向南流，包圍台灣東部海域的「大陸沿岸流」；東北季風期間，流經台灣海峽到南海的「東北季風流」；西南季風期間，台灣本島北部的「西南季風流」。

「海上的風比這冷好幾倍呢！吹過來就像刀割在身上一樣。這種風，沒什麼啦！我還希望它越冷越好，越冷的話，烏金才會來得多啊！」

阿公本來在台中的老家開船捕魚的，一直到阿明二年級的時候，才到台北跟阿明他們一起住。雖然阿公人在台北，心可是還在海上。每年不同的時節，阿公就會想念不同的魚類，尤其是冬天一到，寒流一來，阿公就念念不忘他的「烏金」要來了。說到烏金，阿明就想到了福伯公，他每年都帶同一種禮物來看阿公。

「阿公，你說福伯公會不會還是帶一盒烏魚子來呀？我媽說烏魚子太鹹，阿公血壓高，不能吃太多喔！」

「你媽呀，什麼都管，比你阿嬤在世的時候管得還多！你知道嗎？以前我們自己抓魚，好吃的都捨不得自

己吃，哪還吃得到烏魚子呀？」

阿明沒見過阿嬤，連他媽媽都沒見過阿嬤。阿明爸爸跟阿明現在一樣大的時候，阿嬤就過世了。阿公說阿嬤是生病沒錢看醫生才過世的。阿明沒辦法想像，怎麼會有人生病沒錢看醫生呢？可是爸爸卻說那是千眞萬確的事情。

「來了！來了！你福伯公來了。」

阿公的聲音，把阿明拉回現實。福伯公他們的紅車子，正好停在眼前。

「阿木啊，就叫你不要來等了，我家忠仔知道怎麼去你家啦！來過這麼多次還要你帶路，實在很見笑。」

福伯公的嗓門還是那麼大。忠仔叔探身把後門打開，連聲說：

「上來！上來！車上比較暖。」

•一年當中，冬季是烏魚來的季節。最先到達西南沿海的一批烏魚就是所謂的「先頭烏」。一般說來，這批烏魚因為物以稀為貴，價錢通常都很高。

雖然只有幾步路，阿公和阿明還是上車去了。阿明知道，這兩個一年沒見的老朋友，有講不完的話要從頭說起呢！

福伯公是阿公住在台中時的老鄰居，兩個人從小一起長大。年輕的時候，他們時常一起出海捕魚。直到幾年前，阿公來台北住，兩個老鄰居才分開。福伯公還是住在台中，他的幾個兒子也是靠捕魚過生活。阿公一直很羡慕他，兒子承接衣缽，可以繼續在漁港生活。

「忠仔，你們今年烏魚抓得怎麼樣？價錢好不好？」

剛回到樓上，大家互相打過招呼，阿公就迫不及待的問起來了。

「喔！今年不錯，今年不錯。先頭烏我們抓了不少，母的一隻賣到八、九百呢！」

•利用聲波反射的原理，可以探測水底下的目標。探魚器就是利用聲波來探測魚群位置的機器。

•在氣象圖中，把地表溫度相同的地方，用線把它們連接起來，就形成了等溫線。烏魚來台灣沿岸的目的是要找適當的水溫產卵，所以找到烏魚喜歡的溫度的等溫線，就可以找出烏魚群活動的地方。

忠仔叔黝黑的臉上，有一種滿足的表情。福伯公也是一臉的笑容，不過他也感慨的說：

「現在人好命囉！連捕魚都有什麼器什麼線的來幫忙，哪像我們那時候，全得靠自己。」

「福伯公，你到底是在說什麼啦？我怎麼都聽不懂？」

阿明被福伯公的什麼跟什麼搞得糊裡糊塗的，幸好忠仔叔跟他解釋：

「那個什麼器叫做探魚器，利用聲納來探測魚群；那個什麼線是氣象局的等溫線，我們也可以利用它來尋找烏魚。」

「喔！你們現在這麼方便呀！我們以前尋找魚蹤全得靠眼力、看水色，沒有經驗的人，一大群烏金流過都不知道呢！」

•烏魚渡海來台灣西南沿岸產卵，等母烏魚卵巢的卵發育成熟，把牠的卵拿出來用鹽巴醃過以後風乾，就是價位甚高的「烏魚子」。

•因爲水溫不同，生活在水中的生物種類就會不同，使得水的顏色會改變。有時候，魚群數量大，整群移動時，也會使海水顏色改變。所以經驗豐富的漁夫，可以憑水色找到魚群。

阿公半瞇著眼睛，彷彿又回到了那個靠海吃飯的年代。福伯公接著說：

「是啊！看水色要有好眼力。那時候我們兩條船出去，全得靠阿木你的好眼力，才能圍住那些可以換錢的魚群哪！」

「唉！眼力再好也沒用啊，連自己家裡的女人都救不了。」

阿公又想起阿嬤了！阿明聽爸爸說過，阿嬤走的那年冬天，天氣特別寒冷。醫生說，阿嬤的病要住院開刀才行。爲了籌措阿嬤的醫藥費，阿公想盡了辦法攢錢。一天，阿公在漁市發現，烏魚來了，一尾可以賣到兩百八十幾元。阿公想了想，這是唯一可以救阿嬤的辦法。於是他找到福伯公，一起出海抓烏魚去了。

「那是我這輩子最難熬的幾天。我擔心媽媽的病情越來越糟糕，又擔心爸爸出海抓不到魚。」

爸爸說這些話的時候，眼裡含著眼淚的樣子，一直留在阿明心裡頭。其實阿公那次出海，抓了很多很多烏魚回來。但是，那是六天以後的事情了。這時候，烏魚大豐收，一尾的價錢，連兩百八十的一半都不到！滿船的漁貨，卻換不到阿嬤的醫藥費，阿嬤就在那年烏魚回去後過世了。

「那是最寒冷的一個冬天！我嚐盡了捕魚人家的痛苦，我們怕抓不到魚，沒錢買米下鍋；我們又怕抓太多魚，魚價連漁船的油錢都不夠。就是在那個冬天，我下定決心，長大以後，不要再當捕魚爲生的人。」

是的，阿明的爸爸現在是大醫院裡的醫生，他不再靠捕魚爲生了。但是，阿公離開了海洋，卻是非常非常的想念捕魚的日子。所以，每年年初三福伯公來的時

•烏魚通常是公、母分開來賣。母的可以取卵做烏魚子，所以是一尾一尾賣，價格較高；公的則是秤斤來算。

候，他都迫不及待的要到巷口去等客人。

「阿木啊，都這麼多年了，你就不要再責怪自己了。阿梅在天上看見你把孩子帶大，還當了醫生；現在又有一個這麼乖巧的孫子，她一定很高興的。」

福伯公在安慰阿公的時候，爸爸回來了。他扛著一箱大椪柑，進門就說：

「福伯，你今年比較早喔！嗯，忠仔你有夠差勁的，怎麼今年還是一個人陪福伯來。加油一點，趕快替你老爸娶個屘仔媳婦呀！」

忠仔叔的黑臉一下全紅了，福伯公說：

「一天到晚在船上，哪有時間交女朋友？看你醫院有沒有愛吃魚的護士小姐，跟我們介紹一下，也好了卻我的一樁心頭事。」

這是每年都要上演的戲碼，忠仔叔只是笑著不說

•烏魚來的時候，常爲漁民帶來一筆財富，所以有的漁民把烏魚稱爲「烏金」。每年冬天，烏魚會在大陸東南邊的海岸集結，一群群橫渡海峽來到台灣西南部沿海，尋找水溫適當的地方產卵後，再游回大陸沿岸。這段期間，就是台灣地區漁民捕捉烏魚的季節。

話，誰也不知道他在想些什麼。剛好媽媽請大家到餐廳吃飯，替忠仔叔解危了。

「福伯，過一陣子天氣較暖和的時候，我想請你和我爸爸一起出去玩，不知道有沒有空？」

吃飯時，爸爸問福伯公的意思。忠仔叔慫恿福伯公說：

「好啦！好啦！跟阿木叔有伴，你們就去走走玩玩嘛！」

兩個老人家互相看看，阿公說：

「就出去走走吧！去哪裡好呢？」

「去澎湖！我聽說那裡有個抓魚的石滬，不知道是什麼東西，一直想去見識一下。」

福伯公馬上接口這麼說。爸爸笑了，他說：

「好吧！就去澎湖看人家是怎麼抓魚的。說不定回

•捕捉烏魚可用圍網的捕魚方式。兩艘船平行，發現魚群的時候，各自向左、右方向全速前進，將魚群包圍起來，再起網把魚撈上來。

•各地漁會設有漁貨交易市場，簡稱漁市，漁民捕回來的魚貨，都在這裡進行拍賣。魚販把魚買回去，再到一般市場零售。

•很早以前，澎湖漁民在淺海地區，用石頭砌成牆壁，做出石滬，用來捕魚，現在已經成爲休閒漁業的觀光活動了。在七美島就有一個形狀像兩個心形相疊的「雙心石滬」，相當有名。

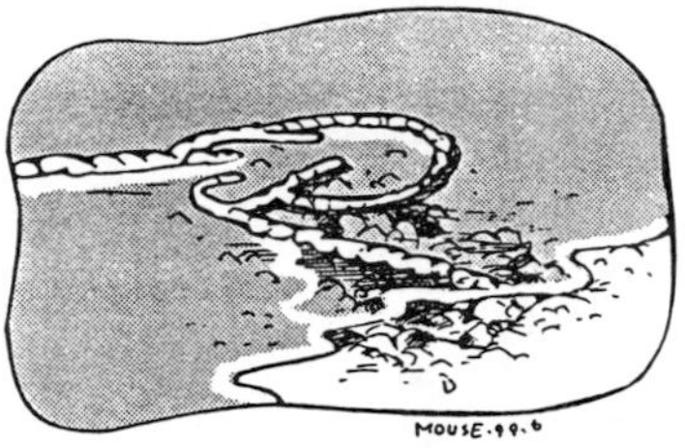

來我們也可以做一個呢！」

「欸！我也要去，我也要去看人家怎麼抓魚。」

阿明聽說有好玩的，當然不會錯過。阿公答應他說：

「好，好，好。你還眞是捕魚人的孫子呢！」

笑聲中，室內一片暖洋洋的喜氣，趕走了寒冷的冬天。阿明覺得，爸爸有不想捕魚爲生的理由；忠仔叔也有靠海營生的原因。只要做好自己選擇的工作，醫生跟漁夫，都是很好的工作呀！

養蚵人家的生活

台灣的水產養殖業，跟海洋比較有關係的，是鹹水魚塭養殖、淺海魚塭養殖和箱網養殖。淺海養殖的海產中，牡蠣一直是最主要的養殖對象。到了牡蠣收穫的季節，台灣中南部的沿海地帶，幾乎到處都可以看到養蚵人家忙著把蚵仔挖出蚵殼的景象。這種營養價值很高的軟體動物，所帶來的經濟價值，養活了無數辛勤工作的漁家兒女。

．水產養殖就是在水池或是海邊，養魚、蝦、貝類，作爲人們的食物。人們挖掘魚塭引進海水，養殖魚蝦的，稱爲鹹水養殖。在台灣的鹹水養殖魚類以虱目魚、花跳魚爲主。

．在本島西岸淺海或是河口淺海處的養殖業，以養殖牡蠣、文蛤爲主。

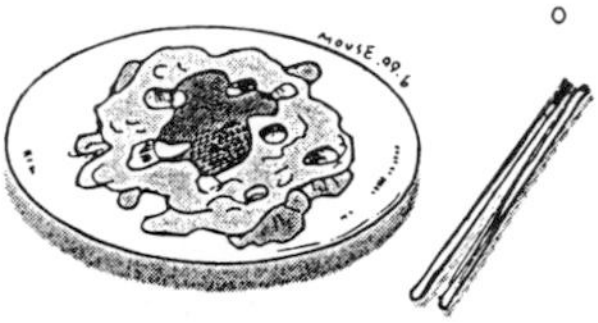

特大號的平底煎鍋，被大火燒得一陣劈哩啪啦叫之後，鍋裡的水化成白煙跑掉了。手腳俐落的老板娘，連續抓起三把蚵仔，分別攤在煎鍋上，再拿起茶壺，倒些白色的太白粉水在半熟的蚵仔上面。白色的水圍住蚵仔，遇熱馬上變成半透明的樣子。老板娘一鏟，就把它們翻了面，撒一些綠綠的茼蒿，再淋上打散的蛋汁。不到十分鐘，三分美味可口的蚵仔煎就完成了。裝上盤子以後，加上紅紅的番茄醬，和一撮香香的花生粉……。

嘖！嘖！美美趕緊把滿口的口水吞到肚子裡去，免得被媽媽看見了，又要笑她貪吃。

「小時候住在山裡頭，看到的蚵仔都是軟軟嫩嫩的，鋪在扁平的竹籃裡挑來賣。我一直以爲，蚵仔就是這個樣子呢！外婆把蚵仔買來，總是加水煮湯，沒什麼變化的口味。不過，光煮湯而已，也是馬上就被我們一掃而空。因爲啊，山裡的孩子，是很難得、很難得能吃到蚵仔的。」

美美眞的不懂媽媽是怎麼一回事，美味當前，她還有空回想過去。美美自己狼呑虎嚥了兩、三口以後，才回答媽媽：

「媽，你是說你小的時候都沒吃過蚵仔煎？」

「也不是這樣。後來外婆跟那對挑蚵仔來賣的夫妻熟了以後，常常會留他們在家裡吃一餐飯。有時候他們會特別留一些蚵仔，弄給我們吃。我們跟著大人們叫那個太太青蚵仔嫂。她呀，眞是厲害得不得了！總是用蚵仔變化出不同的口味來。我第一次吃的蚵仔煎，就是她做給我們吃的。」

哇！好棒喔！美美最愛吃蚵仔了。蚵仔湯清淡香甜，炸蚵捲外酥內軟，豆豉蚵仔最下飯，還有……，還

• 蚵仔就是「牡蠣」。牠是一種軟體動物，有兩片殼，上面那片中間隆起，下面這片會附著在別的東西上面。牠的卵隨海水四處漂流，尋找淺海的礁石、浮木或是船壁等可以攀附的地方寄居，然後吃海水中的浮游生物長大。蚵仔含有豐富的蛋白質、維生素、礦物質等，營養價值很高。

•選擇風浪較小，海水水深十公尺以上的海灣，利用網架、網和錨纜等工具，在海中組成一個養殖空間，以養殖鹹水魚爲主。不必像傳統方式挖掘魚塭、引進海水，可以避免地層下陷、土地鹽化的問題。

•蚵仔除了營養價值高之外，各式各樣美味可口的料理，更是廣受歡迎，所以一直是海鮮食物中身價很高的一類。

有蚵仔麵線和這個蚵仔煎，更是會讓人連舌頭都一起吞到肚子裡去呢！對於媽媽的好運，美美眞是羨慕極了，她好想知道那個青蚵仔嫂，還常常去外婆那裡嗎？可是媽媽卻說：

「好多年不見了！後來也不知道發生了什麼事，他們突然就沒來賣蚵仔了。我們只知道他們住在新竹附近的海邊，連姓名都不知道，就這樣失去聯絡啦！」

唉！美美的蚵仔大餐沒了，還好眼前這分蚵仔煎也不錯，多少可以安慰一下貪吃的嘴巴。

等媽媽也吃完，她們準備付帳離開的時候，負責收錢的老阿嬤，卻一直盯著美美看。美美被她看得很不自在，她問媽媽：

「我臉上有番茄醬嗎？」

媽媽搖搖頭，倒是老阿嬤說話了：

「女孩子，你家是不是住在竹東進去的山裡面？」

「不是。不過，我外婆住那裡。」

美美剛說完，媽媽忽然叫了出來：

「青蚵仔嫂！你是青蚵仔嫂！」

「那你眞的是英子囉！這女孩子長得跟你小時候一模一樣。我就知道我不會認錯人。」

天哪！世界上怎麼會有這麼巧的事？美美跟媽媽難得來南寮漁港一趟，就因爲美美吵著要吃蚵仔煎，竟然遇見了媽媽剛剛提起的青蚵仔嫂，眞是太巧太巧了。看來，美美的蚵仔大餐有希望啦！

她們坐在剛才吃蚵仔煎的地方，開始聊了起來。媽媽最先問的，當然是青蚵仔嫂當年怎麼突然不見了。這一問，問出了一個好長的故事。

「本來我們家就不是賣蚵仔過生活的。我們靠的是

•有些地方的婦女，稱自己的丈夫爲頭家。

我頭家出海抓魚，賺錢養家。當時到你們那裡去賣蚵仔，只是把家裡吃不完的，加減換些錢而已。會到山裡去，一方面是山裡價錢好，更主要的是那裡風景好，我們也去走走玩玩。沒想到，那年冬天，我頭家出去就沒回來了，整隻船的人都沒回來。我一個女人家，要帶兩個孩子，還有一個老人家，眞不知道怎麼辦才好。」

這麼悲傷無奈的事情，在將近二十年後的現在說出來，青蚵仔嫂的眼裡，還有一股的辛酸。美美的媽媽更是驚訝的張開嘴巴，久久說不出話來。

「女人家不能上船捕魚，我拖著一家老小，也沒有那個本事。後來，鄰居們也很好心，幫我在河口搭了一些蚵架，讓我專養蚵仔來賣錢。」

「我們都不知道有這些事情。看你們都沒來賣蚵仔，又不知道要去哪裡找你們，我媽媽還難過了好久啊！」

「唉！你媽媽對我們眞是好，我應該去看看她的。可是那時候，家裡事項都靠我一個人，實在也是沒有想到這些。你知道，養蚵人家的日子也不輕鬆啊！剛開始，四處去跟人要用剩下的空蚵仔殼。要到的蚵仔殼帶回家，一個一個用鐵釘打洞，再一個一個綁在塑膠繩上。這一串串的蚵仔殼啊，還得坐竹筏出去掛在蚵架上，讓它垂到海裡去結蚵仔才行。這些工作，全得靠自己呀！鄰居們也有自己的家要顧，不能老是去勞煩人家。」

青蚵仔嫂的話，讓美美聽得入神。雖然她不太能了解，一個女人家獨力支撐家計的辛苦，可是養蚵的工作卻是她從沒聽過的新鮮事。倒是媽媽，拉著青蚵仔嫂的手，一再的說：「難爲你了！難爲你了！」

•早期的「插蚵法」，是把竹子剖成細竹片，插在近海潮汐能到達的地方，等蚵仔自己來附著。可是這種方法需要八、九個月才能收成，而且產量不多，又常常被風浪沖垮，讓漁民損失慘重。後來改用「吊蚵法」，搭設橫、直交叉的四方形蚵架浮在海上，然後把成串的空蚵殼很有次序的掛在蚵架上，讓它垂進海水中。附著上來的蚵仔隨著潮汐起落，會長得比較快，比較大。

•鳥類、海星以及螺類會吃蚵仔。有一種蚵螺，會分泌特殊的液體穿透蚵殼，把蚵肉吃掉；坐蟲、海鞘這些生物也會吃蚵仔。

•天氣悶熱或是海水中的鹽分太多（海水含鹽分大約百分之三點五，但是含鹽度會隨著海水深度和地理位置的不同，而產生變化），也會讓蚵仔死亡。

「這是自己的命啦！我也沒什麼好怨嘆的。是說老人家和兩個小孩，跟到我也是可憐啦，沒什麼享受的，只是跟著我擔心害怕。那個蚵仔不是說掛上去就沒事了，最怕的是颱風天，海浪要是大到把蚵架掀倒，一切就完蛋了。還有，海裡有一些東西，會來吃蚵仔，牠們在蚵仔殼上穿個洞，把裡面的肉吃得爛爛的，我們一點辦法都沒有。有時候，不知道什麼原因，蚵仔就是結得少，不然就是結了又死掉。唉！蚵仔殼掛在蚵架上，我的心也掛在那裡呀！」

說到這裡，剛才站在平底鍋前，忙著做蚵仔煎的老闆娘過來了。青蚵仔嫂跟美美媽媽介紹說：

「這我媳婦啦！現在我年紀大了，家裡的事都交給他們年輕的。我無聊的時候才來幫幫忙。」

老闆娘跟大家點頭笑一笑，她說：

「我媽總是閒不住。不過也幸好她來幫忙，假日客人多，我一個人常常忙不過來。小妹，要不要再來一盤蚵仔煎？這蚵仔可是我們自己養的喔！」

美美看看媽媽，媽媽只是笑著說謝謝，美美趕緊說：

「好啊！謝謝阿姨。」

媽媽接著問青蚵仔嫂：

「不是說山裡頭蚵仔的價錢好嗎？怎麼後來你自己養蚵來賣的時候，反而沒去我們那裡了？」

「人手不夠呀！坐竹筏去把蚵串收回來以後，就要忙著剝殼了。家裡的大大小小、老老少少，全都坐在堆成小山一樣的蚵仔旁，人手一支蚵鑽，沒日沒夜的剝殼。哪裡還有時間去賣蚵呀？後來我們家的蚵，就賣給來收購的小販。雖然價錢低一點，但是省了不少工。現

• 養蚵人家用來撬開蚵殼，挖出蚵肉的工具叫「**蚵鑽**」。

在兒子長大，娶了媳婦，年輕人肯打拚，我兒子自己直接把生蚵送到市場給小販；媳婦就在這裡賣蚵仔煎。日子還過得去啦！」

「是啊！青蚵仔嫂，你現在是出頭天啦！對了，什麼時候有空，我來接你去我媽媽那裡。看到你，她一定會高興得不得了！」

「還什麼時候，我明天就跟你去！這麼多年了，我也很想看看她呀！現在天快黑了，你們到我家來吃晚飯。」

哈！美美的蚵仔大餐有希望了。可是媽媽卻一直說不好意思，又說爸爸在家等不到人會著急。還是青蚵仔嫂說，再推她要生氣了，媽媽才打電話給爸爸說不回去吃飯了。

「媽，我沒看過蚵仔長在海裡的樣子呢！我們去青蚵仔嫂家的時候，可不可以去看看？」

美美迫不及待的問媽媽，媽媽卻說：

「咦！你這孩子怎麼這麼沒大沒小的？你要叫阿嬤才對啊。」

「沒關係！沒關係！我們那裡連三歲孩子都叫我青蚵仔嫂，這樣叫比較親切啦！再說，我也喜歡人家這樣叫。我這輩子啊，還眞要感謝這些青蚵仔呢，牠們幫我養大了兒子，現在要養孫子啦！」

美美和媽媽這才發現，青蚵仔嫂的媳婦，肚子突出，已經懷孕了。

「啊！恭喜，恭喜，原來要叫阿嬤的，躲在這裡呀！」

美美看見青蚵仔嫂的眼裡，都是滿足快樂的笑意，剛見面談起往事的那股辛酸，已經完全不見了。

為船隻指引方向的燈塔

燈塔的光芒，讓海上航行的船隻，測定正確位置，為它們指點出正確的方向，並提供危險警告。它服務的對象，不分船隻的新舊、大小，不論國籍，甚至沒有敵我的分別，完全一視同仁。台灣四周都是海，燈塔的設置更是重要。大部分的燈塔，都設在山岬、海角或是無人的荒島，管理燈塔的人終年守在那裡，過著遠離人群的生活，其中的辛苦，不是一般人所能想像的。

•海岬就是海岸邊突出到海中的高地。

•潮汐，是海水運動的一種。漲潮時海面升高，海水逐漸覆蓋海岸，直到高潮爲止；退潮時海面下降，海岸逐漸露出水面，直到低潮爲止。潮水來來往往，一天兩次，時間依地點而不同，有潮汐表可查。

我站在這個海岬上，很久很久了。我忘記已經看過多少次日出日落，我忘記已經數過多少回潮來潮往，我甚至忘記自己是什麼時候，開始站在這裡的。

每一天早上，那個不說話的人，會上來把我的燈關掉。有時候，燈關了他就走；有時候，他會擦一擦燈具。然後，就是一個漫長的白天。常常，我會抬頭看天。看它晴空朗朗，萬里無雲；看它白雲朵朵，層層疊疊；看它烏雲密布，暮色蒼茫。常常，我會低頭看海。看它波浪不興，平面如鏡；看它水波漣漣，船影點點；看它狂風巨浪，波濤洶湧。

好不容易，等到夕陽西沈，陽光在我身邊的日晷上，拉出長長的影子，那個不說話的人，又會來把燈打開。然後，就是一個漫長的夜晚。我的光柱穿透黑暗，在海面上掃射。有時候，我會照到一艘航行中的船隻；

有時候，我會照到一群游泳的海龜；但是，大部分的時間，我照到滿滿一整個海洋的寂寞！等啊！等到太陽浮出海面，等到那個不說話的人上來關燈，漫長的白天又開始了。

就這樣，一天過了又一天，一年過了又一年，我心中產生了一個問題：

「我在這海邊做什麼？我到底在這裡做什麼？」

這個問題，時時刻刻在我的心裡，想得我的頭好痛，卻又找不到答案。一天天過去，一年年過去，我一直都不知道，自己孤孤單單的站在這個海岬上，到底是爲什麼？

這天，有個男人帶著一個男孩，來找那個不說話的人。他們坐在我腳邊，面對著大海，談了好久好久。

海潮聲聲，我聽不清楚他們說些什麼。但是我卻想

•在西元一九〇〇年以前，燈塔使用油芯燈，就是以某一種油爲燃料，浸入燈芯點燃發光。一七八三年瑞士人發明了無煙油燈，一直是燈塔的主要光源。一九〇一年出現了汽燈，就是以煤氣爲燃料的燈，它的亮度比無煙油燈增加六倍。一九二〇年代起，電絲燈又代替了汽燈，直到現在都還是燈塔的標準光源，它的光強度大約是汽燈的十倍。如果需要更強的光，現在還有弧光燈可用。現代的燈塔還有光學儀（接下頁）

起了一個人，一個很久很久以前的人。那是我還在用燈油燈芯的年代，他每天來添油剪芯、擦燈罩的時候，嘴裡總是念念有詞的自說自話。我想，他大概跟我一樣寂寞吧！可是我不知道，這個平常不說話的人，原來也這麼多話。他總是坐在桌前一直不停的寫，或是靜靜的做事。這兩個難得的客人，讓我想到這個不說話的人，一定也很寂寞。

眞的，爲什麼要一個寂寞的人，住在一座寂寞的燈塔裡？我們到底爲什麼要在這裡呢？

客人來訪的第二天，是個晴空萬里，風平浪靜的日子。男人在一個平坦的大石上撐起畫架，對著大海畫起畫來。男孩在他身邊繞來繞去，有時候在岩石縫裡找螃蟹；有時候在海濱線上踢浪花。不管男孩在做什麼，他都不停的跟畫畫的男人說話。

（接上頁）

器幫助增加光源強度，一種是利用反射器將光線聚集成束射出，可以增加強度；還有一種增加的強度更高，是利用玻璃折射的特性製成的。不過，不管哪個年代，平時保養燈具，是看守燈塔的人的基本工作之一。

「爸，你眞的喜歡畫畫嗎？」

男孩拿起一塊石頭，丟進海裡，在石頭進入水裡的那一點開始，出現一個接著一個的圓圈圈。

「我小學的時候，可是個畫畫高手喲！我的作品，得過好幾個比賽的大獎呢！」

男人在畫紙上抹了一筆淺淺的藍色，愉快的回答他的兒子。

「那後來呢？」

說完，男孩又丟出一個石頭。

「後來上了國中、高中，爲了聯考，就把畫筆丟在一邊了。再後來讀大學時，爲了考慮將來實際的工作問題，更不可能重新拿起畫筆了。」

男人在淺藍底下，塗上一層厚厚的深藍，還深深的嘆了一口氣。

•目前我國海關管轄區域內的燈塔，包括台灣本島、琉球嶼、綠島、蘭嶼、澎湖，及馬祖、金門之東引、東莒、烏坵、北椗、東椗等處，共有三十四座。其中最早建造者爲位於澎湖的漁翁島西南端的「漁翁島燈塔」，建於清乾隆四十三年（西元一七七八年），道光八年（西元一八二八年）重修，光緒元年（西元一八七五年）另建新式燈塔。這座燈塔已經被內政部指定爲二

（接下頁）

男孩不再丟石頭了，他認眞的跟他爸爸說：

「阿公說因爲你在律師事務所努力的工作，我們才能像現在這樣，想要什麼就有什麼。」

「可是，我不快樂。我一點都不快樂！我常常想，我在這裡做什麼？我到底在做什麼？」

男人放下畫筆，對著海洋喃喃自語，好像忘了身邊的男孩。男孩只好說：

「爸，我不懂你在說什麼。」

男孩不懂他爸爸的話，我卻被男人的話嚇了一大跳。他的問題，不就是我的問題嗎？我要好好的聽他怎麼說才行。還好，他馬上就回過神來：

「兒子，等你長大就會懂了。我眞希望像海上的船隻一樣，即使在黑夜中也有燈塔來指引方向！」

什麼？他說燈塔什麼？我一時緊張，竟然沒聽清楚

（接上頁）
級古蹟。最高的燈塔則是民國七十一年興建完成的「台中港燈塔」，位於台中港一號碼頭穀倉頂，塔高六十二點六公尺。目斗嶼燈塔（三十九點九公尺）、芳苑燈塔（三十七點四公尺）、白沙岬燈塔（三十六點六公尺）、綠島燈塔（三十三點三公尺）依序爲第二、三、四、五高的燈塔。此外，於光緒九年（西元一八八三年）完工的鵝鑾鼻燈塔，建築成砲壘形勢，塔基當砲
（接下頁）

他說什麼。偏偏他又拿起畫筆，不再說了。

急呀，急壞我這座老燈塔了！還好那個可愛的小男孩說話了：

「說到燈塔，我還有好多有關燈塔的問題要問王伯伯呢！」

小男孩跑去找那個不說話的人了。我的注意力也跟著他離開，跟著他找人。終於，男孩在繞著我跑半圈之後，找到了正在釣魚的王伯伯。

「王伯伯，你現在有空跟我說話嗎？」

「當然可以呀！你就在這裡陪我等魚上鉤吧！」

「王伯伯，你知道燈塔是誰發明的嗎？」

「聽說第一座人工燈塔，是埃及人建造的，就蓋在他們的亞歷山大港。」

「喔！那這座燈塔，是什麼時候建的呀？」

（接上頁）

台，圍牆上有槍眼，牆外設壕溝，曾有武裝士兵守衛多年，是世界少有的武裝燈塔。

「這我不清楚，得去查查看才知道。」

天哪！我是什麼時候建造的都不知道了，大概更沒有人知道，我在這裡做什麼了。可是剛才男孩的爸爸明明說什麼方向的呀！

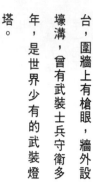

「怎樣的地方，需要設置燈塔？我們台灣地區，有多少燈塔啊？」

「燈塔的作用，是要發出可以識別的標示，讓海上的船隻確認它的位置，並且提供危險警告。尤其是晚上，或是看不清楚、視線不佳的時候，燈塔就能指引船隻的方向，避免船難發生。大部分的燈塔設置在山岬、海角或沒有人的荒島上。我有張燈塔位置的分布圖，等一下回去可以給你看看。」

原來，我在這裡是爲了給船隻指引方向。原來，我是這麼的重要！感謝這個好問的男孩，不然，我不知道要等到什麼時候，才能知道自己在做什麼。

「王伯伯，你不是我爸的大學同學嗎？怎麼會來管理燈塔呢？還有，要怎樣才能當一個燈塔管理員哪？」

「嗯——，這可是個很長的故事喲！挑重點告訴你好了。我畢業後，發現自己對法官、律師這些實際面對人們的工作，不是很喜歡，倒是比較喜歡做理論的事情。還有我在離島當兵，那裡也有燈塔，我沒事就會去找看燈塔的人聊天。大概是這些事情加起來，讓我選擇了這分工作吧。想當燈塔管理員，要注意政府機關發布的招考消息。通過考試之後，要參加職前訓練。訓練完畢，就可以走馬上任啦！怎麼？你也想當燈塔管理員嗎？」

「我還不知道呢！爸爸說我應該多多蒐集資訊，看看到底自己喜歡做什麼，適合做什麼。」

- 我國燈塔的管轄單位爲財政部關稅總局。
- 關稅總局的海務處所管轄的運星艦，負責燈塔補給的工作。

男孩他們繼續聊天，我卻不再專心一意的去聽了。知道自己在做什麼，了解自己的重要性之後，我的心情從來沒有這麼高興過！我以後會更努力，更用心的去工作。

不過，並不是大家都跟我一樣，找到了一輩子最重要的答案。男孩的爸爸，手上拿著畫筆，卻沒有上色；他呆呆的凝視畫紙上的淺藍和深藍，不知道在想些什麼。我了解他的心情，那種不知道自己在做什麼的痛苦，也曾折磨我好久好久。現在男孩爲我找到了答案，希望他的爸爸也能儘快找到方向。

「嘿！大畫家，在想些什麼？」

王伯伯釣到了魚，帶著男孩繞到大石頭上。

「唉！一直理不清頭緒。老婆要我來這裡好好想清楚，效果好像不大。」

「你需要長一點的時間。喔！我聽氣象報告，凌晨有颱風過境，我要去檢查一些東西，做好安全工作。還有，我先去準備晚餐，你們要快點來喔！前幾天補給船才來過，加上你們帶來的禮物和這條魚，我們有頓豐富的大餐了。」

我以前以爲他不說話的人進來了，海邊只剩下那對父子。依我多年看海的經驗，知道颱風前夕的黃昏景色，會是最最特別的。奇形怪狀的雲架，加上絢爛詭異的色彩，將沈未沈的夕陽，剛剛出現的孤星，還有變化莫測的大海，會有一種如夢似幻，不知是眞是假的感覺。這個平時不易看見，卻又十分短暫的景致，或許能給這個徘徊在律師和畫家之間的男人，一些啓示吧！

至於我，是沒時間欣賞美景了。颱風會掀起巨浪，帶來暴雨，這種時候，正是燈塔發揮功能的時候。我現

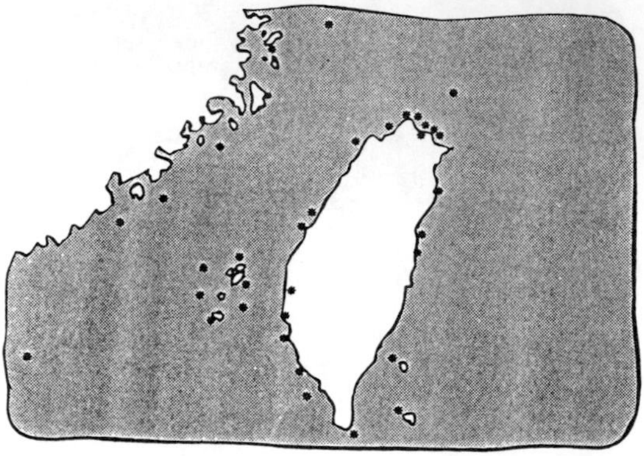

•燈塔分布圖。

在要好好的養精蓄銳一番，到時候才能善盡職責，告訴過往的船隻：

「我在海邊，我在這裡！」

海岸線的景觀

台灣的海岸，因為氣候和地理位置的不同，地形變化豐富，各有各的特色。從金山到三貂角的海岸線，地層受海水侵蝕作用的影響，形成許多海灣和海峽。野柳岬上的「女王頭」，因為很像頭髮向上梳理的女士，而中外聞名。但是因為風化作用的影響，加上遊客的不斷觸摸，女王的脖子，正以每年零點二公釐的速度變細，如果不好好處理，女王可能會有斷頭的危險。

•地形學家徐鐵良教授，將本島的海岸地形畫分爲十種區域類型。

1.桃園觀音至宜蘭三貂角之間：觀音到淡水河是狹窄的海岸平原；淡水河到三貂角的海岸則是海蝕作用強烈，到處都可以看到海崖。

2.三貂角到頭城之間：大都是岩石海岸。

3.頭城至北方澳之間：蘭陽溪的河口平原海岸線平滑，稍微向內凹，還有一些狹長的海岸沙丘。

4.北方澳到花蓮之間及台東

（接下頁）

「她的頭髮高高的梳起來，露出了纖細美麗的脖子；面向著海洋，下巴微微抬起，視線投向遙遠的天邊；她好像在想什麼事情，又好像在等什麼人。我第一眼看見她的時候，就被她迷住了。我覺得她簡直就是上帝最偉大的傑作！難怪大家都尊稱她爲女王。」

大表姊坐在前座，興高采烈的當我和小弟的導遊，她正在爲我們介紹野柳的特色。表姊眞不愧是領有執照的導遊，她這麼精彩的介紹，讓我好想馬上就看見美麗的女王頭。旁邊駕駛座上的楊大哥，卻是一副實事求是的樣子。他說：

「那只是一顆形狀像女生頭部的蕈狀石而已，人類太會想像了。」

楊大哥是大表姊的男朋友，現在在國中當地理老師，難怪他說得出「蕈狀石」這麼有學問的名詞來。可

（接上頁）

到出風鼻之間：山地逼近海域，山坡陡峭，海崖下面，波浪直接打到岸上來。河口附近有半圓弧形的三角洲。

5.花蓮到台東之間：海岸平直，只有少數的海岬和海灣。北段山脈直逼海域，中、南段海階地形很發達。

6.出風鼻到楓港之間：這段海岸大部分有發育良好的珊瑚礁。

7.楓港到林園之間：海岸平直，沒有珊瑚礁，也沒有堆積的情形，只有輕微的侵蝕現象。

（接下頁）

是太有學問了，我都不知道是什麼。小弟也愣愣的問：

「蕈狀石是什麼？」

「蕈，是一種植物。像我們常吃的香菇、洋菇就是屬於蕈類。它們的特徵就是一枝細細的柄撐著一把大大的傘，所以我們把海邊受到海水侵蝕的石頭，形狀像這些菇一樣，也是細柄撐著大頭的稱爲蕈狀石。野柳岬是波蝕台地的地形，上面遺留有很多這種蕈狀石，女王頭是其中最出名的一個。其實野柳岬上，還有一種很特別的石頭，形狀像個圓球，下面還有個底座，我們把這種石頭叫做球形石。」

哇！老師就是老師，楊大哥一場解釋下來，我們好像上了一堂課一樣。不過，好不容易學校放假，出來玩還要聽課，感覺還眞的有點累。

「楊老師，今天星期日欸，你休息一下好不好？」

（接上頁）

8.林園到曾文溪河口之間：海岸平直，侵蝕劇烈，沿海有沼澤及潟湖分布。

9.曾文溪河口到烏溪河口之間：堆積作用旺盛，海埔新生地成長很快，岸外沙洲也很多，沿海的平原廣闊。

10.烏溪河到觀音之間：海岸平直，海岸平原狹窄。

大表姊可能也覺得楊大哥太認眞了，她趁楊大哥呑口水的空檔，趕緊提出抗議。楊大哥笑一笑再搖搖頭，他說：

「理想的導遊不是應該懂得越多越好嗎？哪天被你的團員問倒了，可別怪我沒跟你說喔！」

大表姊扮個鬼臉，沒說話了。剛好車子也來到了路口，要繳淸潔費才能進入。好多車子在收費亭前面排隊，對面車道上也有一些車要轉進風景區去，這裡就成了一個大瓶頸，堵了一堆車子進不去。

「野柳地區的奇岩怪石，可以算是國際級的景觀了。很多外國來的遊客，除了到花蓮的太魯閣之外，就是到這裡來看看。」

大表姊的話，讓我覺得自己眞有點像井底之蛙一樣。外國人千里迢迢的來這裡觀光，跟他們比較之下，算是住在附近的我，卻還是第一次來呢！我今天一定要好好的看一看，野柳的美是美在哪裡。

過了收費亭，車子慢慢的開了將近十分鐘，經過一些住家，才到達風景區。楊大哥在停車場停好車，帶我們穿過一條特產街，終於看到海了！

「海！是海耶！」

小弟高興得大聲叫出來，我的心情跟他一樣的興奮。其實，這並不是我們第一次看見海。我們跟爸爸、媽媽到過好多海水浴場，躺在沙灘上像煎魚一樣的把自己曬黑；我們也到過花蓮、台東一帶，海洋就在公路所在的山崖下，變幻出深淺不同的各種藍色。可是，每次看到海，我都像第一次看到它一樣的激動。我喜歡那種一眼望過去看不到邊際的感覺；更喜歡那來了又去，去了又來的海浪，在岸邊激起的朵朵浪花。

•野柳球形石的形成，是因爲硬性的鈣質團塊，被較軟的砂岩包圍著形成地層。地層被海水侵蝕的時候，軟的砂岩變成碎屑沖走了，剩下本來就是圓球形的團塊，被海水磨得更圓了。

•波浪、潮汐、海流是海水的三種運動，這些運動會破壞岩石較多的海岸和突出在海中的陸地。比較脆弱的岩層被海水侵蝕分解，成爲碎屑流走；留下比較堅硬的岩石，於是產生了各種的海蝕地形。如海蝕洞、海蝕平台、顯礁等。

「哇！你們看那些海浪，像是幾千幾萬朵的花，即開即謝，替海岸鑲上了一條動態的花邊。」

喔！大表姊講得眞好，連我這個剛剛得到全縣國中作文比賽第一名的冠軍，都佩服得不得了。可是，楊大哥又說話了：

「那是海水受到外力的作用，所產生的運動之一，我們把它稱爲波浪。波浪是一種沒有一定方向，沒有一定週期的、臨時的海面運動。就是這些波浪的侵蝕作用，才有野柳這麼奇特的景觀。」

天哪！眞不知道非常浪漫的大表姊，和講究實際的楊大哥是怎麼湊在一起的。就像老媽那個急驚風，會嫁給了老爸那個慢郎中，我也是怎麼想都想不出原因來。有時候，大人是很難了解的啊！

「哎呀！有時候運用一些想像力，世界就會變得更美麗嘛！」

大表姊邊說邊向前走，我們也跟了過去。楊大哥說：

「也對！現在來運用一下你們的想像力，猜猜看右邊那片岩石的名字。」

順著楊大哥指的方向，我看見一大片平坦的岩石上，有著縱橫交錯的刻痕，把岩石切成一塊一塊的形狀。看起來就像是……。

「豆腐！是不是叫做豆腐石？」

小弟的腦筋總是比我快半拍，我也覺得那些石頭像是大巨人吃的豆腐。

「沒錯！那是豆腐岩，也是一種海水的侵蝕現象。小弟好厲害，一猜就猜中了。」

繼續往前走，我們果真看到了楊大哥在車上提到的

• 由軟硬相間的砂岩所構成的地層，受到海水侵蝕之後，軟的碎屑被沖走，剩下硬的變成整齊排列的方塊狀岩石，像是豆腐一樣，所以有人叫它豆腐岩。

• 野柳一帶的蕈狀石，是因爲上層較硬的黃色砂岩，和下層軟弱的灰色頁岩，對於海水的侵蝕作用，抵抗力不同而形成。砂岩抵抗力強，形成較大的蕈傘部分，頁岩被侵蝕較厲害，變成細細的蕈柄部分。而像蕈傘的黃色砂岩，還被許多穿孔貝，鑽出了許多小小的洞。

蕈狀石和球形石。蕈狀石就像特大號的菇類一樣，一群一群的站在海岸邊。球形石眞的非常非常的圓，讓人懷疑是機器磨出來的。

「楊大哥，你說這些特別的石頭是海水的侵蝕作用造成的，可是我發現海水好像沒有沖到這邊來呢！」

「喔！小弟，你觀察得非常仔細。其實這個侵蝕作用並不是最近發生的，而且侵蝕作用進行的時候，這些岩層的位置比現在矮很多，正是波浪作用最厲害的地方。經過長時間的侵蝕，形成了這些奇形怪狀的石頭，後來地殼變動，這些岩層隆起到現在的位置，脫離了海水侵蝕的範圍。這些石頭也就呈現在後來才出現的人類眼前。哪！我找個證據給你們看看。」

楊大哥在土黃的岩石上，找到一些淡黃的小花紋。他告訴我們：

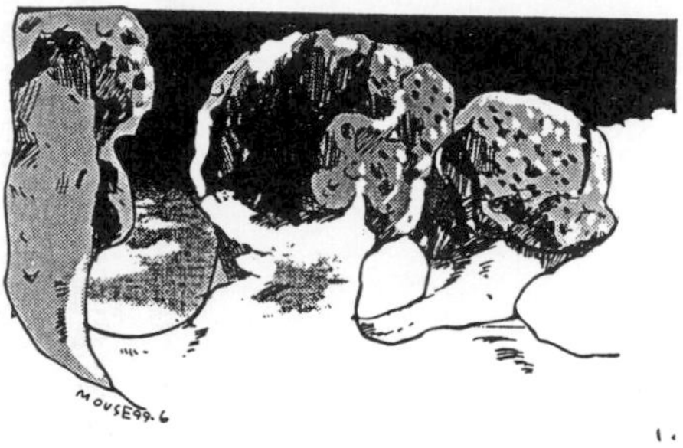

•古代生物的遺體，埋在地下，經過長時間的變化，變成石頭一樣的東西，稱爲化石。

「這些就是當時海裡生物的化石，跟著地層隆起離開水面。這些化石證明了這裡的地層，曾經處於海水之中。」

我們忙著在岩層上尋找花紋，大表姊卻對著化石感嘆：

「想想看，這些小東西活在人類還沒出現以前呢！因緣巧合的讓我們在這裡看到它們，眞是難得的機會呀！」

這回楊大哥也同意大表姊的看法了，他說這些岩層和化石提供了人們研究地質的好材料，能有這麼寶貴的地方，是我們的福氣。

「咦！怎麼到現在都還沒有看到女王頭呢？」

我一直念念不忘大表姊說的那個，又像等待又像沈思的女王，就催大家趕快去找找看。

• 陡峭的海岸受到海水侵蝕久了以後，海崖會後退，而在接近海平面的高度形成一片平坦的岩台，叫做海蝕平台。後來因爲陸地上升，平台露出水面，只有在高潮大浪的時候才會受到侵蝕，這時就叫做波蝕平台了。

「別急！別急！我記得就在前面不遠的地方。」

大表姊說著就帶我往前走。我跟她說：

「等一下一定要幫我跟女王合照一張相片喔！」

「沒問題！你楊大哥是最佳攝影師，一定幫你照張美美的相片。對不對？楊大哥！」

大表姊回頭問楊大哥。楊大哥滿口答應，卻提出一個條件：

「照相是沒問題，但是不能太靠進女王頭。」

「爲什麼？」

「你們知道嗎？女王頭的脖子目前正以每年零點二公釐的速度在變小，如果不想出好辦法來解決，它很有可能會斷掉的。」

「怎麼會呢？你不是說岩層隆起，已經脫離海水侵蝕作用的範圍了嗎？」

大表姊衝口而出的問題，正是我心中的疑問。楊大哥說：

「現在影響最大的是風化作用，再加上遊客不斷觸摸，女王頭眞的有可能斷掉的。」

「好吧！我們一定會跟它保持距離的。」

有了我們的承諾，楊大哥一馬當先的帶我們去找女王頭。

啊！遠遠的，我就看到它了。眞的，它梳了一個高高的髮髻，像女王一樣高貴。眼睛、鼻子、下巴的輪廓明顯清楚，或許海水是按照人魚女王的樣子雕刻而成的吧！

我們停在遠處，尋找合照的最佳角度。一直走在我們前面的那一群人，還是繼續往前走，原本跟在我們後面的人，也一群一群的超越我們向前走。他們最後都到

•把暴露在地球表面的岩石，慢慢變成碎屑的作用，就是風化作用。一般風化作用來自於水分、風和生物對岩石的影響。

•風吹海面引起水面摩擦，使海水發生高低起伏的運動，形成了波浪。越靠進陸地的地方，海底越淺，波浪碰到海底破碎變成碎浪。碎浪撲到海岸，產生侵蝕作用，改變了地形。

了女王頭旁邊，有的靠著、有的攀著，大家都擺出自認爲最美的樣子拍照。後來，竟然有個男的，想要爬到髮髻上去，一次不成，再試一次，幾次失敗後，才停下來。

「你們在這裡等我！」

楊大哥說完就衝了過去。我只看見他揮舞著雙手，很激動的樣子；卻聽不見他跟那些人說什麼。過了一會兒，人群散開了，卻沒有走遠。可是，楊大哥剛回到我們這邊，人群又圍上女王頭。楊大哥呆住了，大表姊拉著他的手，輕輕拍他的手背。我和弟弟都不知道怎麼辦才好！

「算了！再過去也是白講。剛才根本沒人理我，他們像看見瘋子一樣的躲開了。或許，他們眞的把我當成瘋子了吧？」

楊大哥難過的說了這些話。又過了一會兒，他才說：

「我們走吧！」

我回頭看看女王，一群人在它身邊拍得正高興。它靜靜的，在沈思嗎？還是在等待？我覺得這個女王好可憐，它是個受傷的女王！

珊瑚的生態

珊瑚是一種很特別的生物，擁有美麗的外形和豐富的色彩。在熱帶和亞熱帶地區的淺海，常會出現珊瑚所造成的珊瑚礁。這裡的海水溫暖、平靜，又有許多浮游生物，所以熱帶魚、海星、海葵，和各種的蝦子、螃蟹都來了，形成了美麗的海底花園。台灣附近海域都有發達的珊瑚礁，但是因為人類的加入，都成了寂寞的海底花園了。

•穿著潛水衣和蛙鞋，戴上面罩、潛水眼鏡、呼吸管，背上氧氣筒，人類可以像魚兒一樣潛入海底，優游自在的游泳，不必一直露出水面換氣。不過，爲了安全起見，潛水活動最好經過教練指導學習後，才可以進行。

「爸！你眞的認爲我可以嗎？」

小娟換好泳裝，卻把蛙鏡和呼吸管拿在手上，心裡不安的問著正在做熱身操的爸爸。爸爸繼續做操，輕輕鬆鬆的回答她：

「沒問題的！第一、你本來就會游泳了。第二、你有救生衣。第三、有深潛教練資格的老爸就在你身邊。所以，放心的跟我去遊覽美麗的海底花園吧！」

「那——，媽，你去不去？」

「不了！我在這裡泡泡水就好。」

「算了吧，小娟。你媽是個膽小鬼，這二十年來，我用盡所有的辦法，她還是不敢游到腳碰不到底的地方。我們去看了以後，再回來告訴她有多棒，讓她羨慕得流口水。」爸爸做完操，想用激將法要媽媽一起去，他下海的時候就這麼說。媽媽一點都不生氣，她笑著

•九孔是海裡的貝類，屬於鮑魚的一種，可以食用。早期並沒有人工養殖的九孔，產量少所以價格高。台灣的九孔養殖，是從東北角的漁民開始。他們把海中抓來的九孔，用竹籃裝著放在岩岸邊養殖，發現效果不錯，就開始在岩礁地區挖掘養殖池大量養殖。可是因爲嚴重的破壞海岸的生態景觀，所以政府規定禁止在岩礁地區養殖九孔。現在已經將海邊的養殖技術轉移到陸上養殖了。

說：

「是啊！是啊！這整池都是我流的口水呢！你們快去吧，回來告訴我看見什麼好東西。」

這裡是北部濱海公路上，龍洞的南口海洋公園。小娟的爸爸告訴她，這些流動的海水池，本來是九孔的養殖池，後來才改爲遊客休憩的泳池。最棒的是，這裡非常適合浮潛。戴上蛙鏡和呼吸管，穿上救生衣，就可以優游在美麗的海底花園之中。

「爸，你爲什麼說我們要去看海底花園呢？那裡跟陸地上的花園有什麼不同？」

小娟穿好救生衣，還在懷疑爸爸要帶她去看的東西，眞的値得她這樣膽戰心驚的浮潛過去嗎？

「你去看就知道啦！相信爸爸，你看過以後會上癮的。來，蛙鏡戴好，呼吸管含進嘴裡咬住。把頭埋進水

‧浮潛跟深潛最大的不同是，沒有攜帶氧氣筒，而是利用呼吸管伸出水面呼吸，所以浮潛不能深入海底。不過，戴上蛙鏡，穿上蛙鞋和救生衣，還是可以在海面上看到海中的情景。

裡以後，開始用口呼吸，你試試看。」

大概是因爲小娟本來就會游泳，試了幾次以後，她發現浮潛並不難嘛！更棒的是，水有放大作用，近視四百多度的她，不必戴眼鏡也可以看清楚。小娟發現，海底的石頭，有黑褐色的，有灰褐色的，上面密布細小的洞洞。雖然海水清澈，可是底下灰灰黑黑的，跟她想像中色彩繽紛的花園完全不一樣呀！她正想抬頭跟爸爸抗議，眼前卻出現一群黃黑線條相間的小魚，快速的游來游去。讓她想起了學校花園裡，飛來飛去的那群痲雀。然後，幾隻顏色鮮藍的蝶魚也來了，就好像是穿梭在花叢裡的蝴蝶一樣，令人驚豔。

忽然，小娟覺得兩條腿好癢，有什麼東西用嘴輕輕的啄她。縮腿轉身，小娟看見好多小小魚，就在身邊，大概把她當做美食了。爸爸在水中遞給她一塊土司麵包，一群魚兒聞香而來，就在小娟手上吃了起來。

天哪！小娟的心臟蹦、蹦、蹦的跳得好快好快。她覺得自己好像進入有線電視頻道，介紹海洋世界的影片裏了。

「媽，你不來眞是太可惜了！那些魚就在你身邊，伸手就摸得到。那種感覺，跟看電視差很多的。其實，浮潛一點都不難，很好玩的。」

小娟回到岸邊，馬上跟媽媽鼓吹浮潛的好處。媽媽卻還是搖搖頭：

「我從小就怕水，我還是在岸上比較安心。」

「哎呀！你不是常常要我嘗試新的事物嗎？你也要試試呀！」

「這……，給我一段時間儲備勇氣吧！對了，你發現陸地上的花園和海底花園的不同了嗎？」

「對了！我有個問題要問爸爸，怎麼海底的花園都沒有花呢？」

小娟轉頭問爸爸。

「說到花，我心裡就難受。這裡以前是九孔養殖池，經過人工的挖掘，我想海裡的那些花都被挖掉了。這些魚應該是安全範圍外的地區，隨著漲潮擁進來的。所以，剛剛我們看到的，只能算是陽台上的一些盆景吧！而且，還不是最漂亮的盆景，算是風雨過後，殘留的景物了。」

「那麼哪裡才有眞正的、美麗的海底花園呢？那裡眞的有花嗎？」

「啊！我想起來了。」

媽媽突然叫出聲來，她問爸爸：

「記不記得小娟出生前，你在墾丁拍的那卷錄影

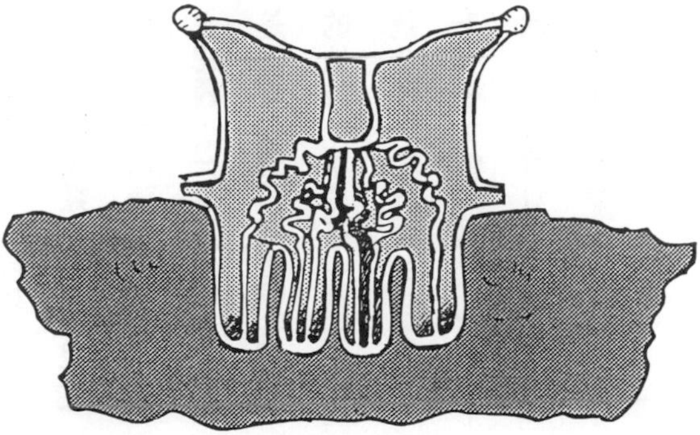

・珊瑚的身體構造圖。

帶？你當寶貝一樣的收藏起來，結果放到哪裡去了？現在正好拿出來給小娟看呀！」

「對呀，我怎麼連那卷帶子都忘了呢？等會回去就找出來看！」

「我還沒出生前拍的？哇！那不是十幾年前拍的嗎？內容是什麼？我們快回去看吧！」

回到家裡，小娟急著幫爸爸找那卷帶子。其實，遠在天邊近在眼前，帶子就在爸爸放相機的乾燥箱裡，常常看到，卻不曾拿來放映。還好媽媽沒有把它忘了，吃過飯後，全家人就一起欣賞。

天哪！這錄影帶眞是拍得太好了。小娟目不轉睛的盯著螢幕，眼睛都捨不得眨一下。當然不是爸爸業餘的攝影技術，贏過電視台的專業記者，而是拍的東西太棒了。那是海底熱鬧的一片景象，成群結隊的魚兒，在造形奇特的岩石間穿梭。

這些魚，有些跟龍洞浮潛時所看到的一樣，有些是小娟在爸爸的圖鑑上才看得見的，而且數量都很多，多得讓小娟想尖聲大叫。可是最、最、最棒的，是那些「花」，那些造形千奇百怪，顏色絢爛奪目的「花」！

「爸！那是什麼植物的花呀？好特別喔！」

「那不是植物，是動物，牠叫做珊瑚。」

「牠是動物？可是牠好像不會動呢！」

「牠確實不會動。珊瑚是由很多很多單獨的個體群居在一起而形成的。這種單獨的個體叫做珊瑚蟲。雖然牠有一端是固定在海底的岩石上不能移動，不過牠的構造比較接近動物，所以是動物的一種。」

「那牠們會不會吃東西呢？」

「當然會呀！牠一端固定在岩石上，另一端就是

• 珊瑚蟲是一種腔腸動物，大部分的種類都是群居在一起。單獨的珊瑚蟲個體叫做水螅體，一端是口，另一端是固定在岩石或是珊瑚礁上的地方，中間是一個很大的消化腔。世界上的珊瑚有六千多種，依照牠們的外表形狀，大致可以分成軟珊瑚和石珊瑚兩大類。

•有些魚類利用珊瑚礁的洞穴爲家，或是躲避掠食者追捕的地方，同時還以珊瑚作爲食物。有的吃珊瑚分泌的黏液，有的吃珊瑚蟲，有的吃珊瑚蟲的觸手或是牠那石灰質的骨骼。這些魚兒種類很多，數量卻少，可以給人們吃的更少。牠們身體的顏色大都鮮豔亮麗，而且爲了適應珊瑚礁的生活，有些種類在內部構造或是外部形態上，產生了特別的變化。

口。口的邊緣，排列著很多觸手。觸手上面有小小的、羽毛一樣的分枝，和一些叫做刺絲胞的東西。刺絲胞含有毒汁，可以把海中的小生物，像小蝦、小蟹之類的甲殼動物麻醉或刺死。然後觸手收縮起來，就會把食物捲進牠的消化腔去啦！你看，那些隨著水流輕輕擺動的花朵，其實是許多珊瑚蟲的觸手聚集在一起而形成的呢！」

這些美麗的珊瑚，有的像是公鹿頭上分叉的角；有的像是一朵盛開的花；有的卻像是一棵葉子掉光，只剩樹幹和樹枝的大樹。有粉紅色的，有菊黃色的，有像火一樣紅的，還有白色鑲上淡褐色花邊的。再加上游來游去的魚兒，還有爬來爬去的蝦子和螃蟹，眞是一個熱鬧非凡的海底花園啊！

「爸，你說這是在墾丁拍的？」

•各種不同種類的珊瑚，長時間的生長後，越聚越多，加上水中沈積的泥沙和其他生物的屍骸，漸漸形成了大形的珊瑚礁。依照形態的不同，可分爲環繞著島嶼四周的裙礁，它和島嶼相連，就長在海濱；還有也是環繞島嶼生成的堡礁，不過堡礁和陸地之間，還隔著又寬又深的瀉湖；另外一種圓形或馬蹄形的環礁，中間被包圍的不是島嶼，而是瀉湖。

「是啊！其實不只在墾丁，台灣的南部、北部、東部，還有澎湖、綠島、蘭嶼和小琉球這些小島，都有非常發達的珊瑚礁呢！」

「哇！我好想好想像你一樣，能夠親自到珊瑚礁那裡去看看呢！」

「這樣的話，你得先學會深潛才行。怎樣？媽媽，要不要一起來呀？」

媽媽面有難色的說：

「我是很想去看，可是我眞的很怕水呀！」

「媽，你忘了你教我騎腳踏車的情形嗎？我現在都騎腳踏車上學了，你可不能漏氣呀！」

終於，媽媽被小娟說服了。兩個人在爸爸的指導下，在游泳池裡展開了深潛的課程。兩個星期之後，媽媽和小娟異口同聲的說：

「深潛，一點都不難嘛！」

爸爸決定舊地重遊，帶全家人到十幾年前拍錄影帶的墾丁海邊大開眼界。媽媽和小娟當然是舉雙手贊成，這正是她們認眞學習深潛的目的呀！

趁著暑假就要結束的前幾天，一家人來到墾丁王叔叔家。王叔叔是爸爸的老朋友，跟爸爸一樣熱愛潛水。他聽了小娟一家人的目的之後，苦笑著說：

「海底花園再也沒有以前那麼熱鬧了！」

爸爸樂觀的認爲，應該還好。當天晚上，他就迫不及待的跟王叔叔先去探路。爸爸滿懷希望的說：

「晚上正是珊瑚張開觸手捕食的時候，就像是陸上的植物，到了春天百花盛開的時節。我先去看看，明天再帶你們一起去。」

可是，爸爸回來的時候，卻是滿臉的憤怒。

• 珊瑚蟲生長在熱帶地區，水溫低於攝氏二十度時就會停止生長。珊瑚蟲身上附生的褐藻類會行光合作用，製造養分，供珊瑚蟲生活。如果海水受到污染，陽光無法透過海水，藻類無法進行光合作用，則珊瑚蟲得不到養分，有可能死亡。

．用炸藥炸魚，會連珊瑚礁也炸毀。數十萬年的累積才長成的珊瑚礁，可能在短短的十年中，就面臨滅絕消失的慘況。

「太過分了！太過分了！怎麼會變成這個樣子呢？」

「原因很多。海水被泥沙、垃圾和廢水污染了，有些人用炸藥和毒藥捕魚，還有你到觀光區的海產店去看看，竟然有人抓珊瑚礁魚來當活海鮮賣，給那些自認爲有錢能使鬼推磨的大老爺們塡肚子。你說，海底花園還留得住嗎？」

王叔叔越說越大聲，一張臉脹得通紅。爸爸在一旁也是邊聽邊罵，他說：

「這些人眞是不知道嚴重性，珊瑚礁沒了，人類也會有損失的呀！」

小娟當然是失望得不得了，不過她和媽媽還是想下去看看，到底是怎麼一回事。

海底花園裡，還是有魚，但是已經很少很少了；美麗的珊瑚也還有，但是也已經跟十幾年前的錄影帶完全不同。熱鬧非凡的景象不再，現在是冷冷清清的，寂寞的海底花園了。小娟不知道媽媽是否後悔當年沒有跟爸爸一起來看，她自己的心裡可是難過得很，爲什麼爸媽不早幾年生她呢？

•在海裡的食物鏈中，海藻進行光合作用製造養分，珊瑚蟲吸取養分形成珊瑚礁，小形的魚蝦貝類在此生長，提供爲其他海中生物的食物，人類再捕捉海中生物爲食。如此一個接著一個，海中生態的平衡，其實也關係著人類的生存。

•花狀八放軟珊瑚。

•鹿角珊瑚。

海龜脫逃器

「大魚吃小魚，小魚吃蝦米」，而人類是吃大魚、吃小魚，也吃蝦米。人類的歷史中，不管在陸地上，還是海上，人們追捕動物作為食物，或是豢養動物成為寵物，人總是以「萬物之靈」的地位自居。一直到了近代，保護環境的觀念萌芽，人們才開始檢討自以為高高在上的態度。現在，最新的問題是「怎樣在保護動物和資源利用之間，找到平衡點呢？」

中秋節都快到了，天氣卻還是那麼炎熱。太陽曬得人皮膚發燙，最好的消暑方法，就是跳到海水裡泡著，讓清涼的海水，洗去全身的汗臭味。不過，去泡海水，也是要特別注意的。有些海灘曬得到陽光，泡在水裡的身體是很涼，可是不時要冒出水面換氣的頭部，就像放進烤箱裡了。這種上熱下涼，完全相反的感覺，比全身熱呼呼的好不到哪裡去。最棒的地方是陽光曬不到的海岸，那眞的就是從頭到腳，清涼到底了。

阿德知道一個地方，每天下午的四、五點鐘開始，山的影子就會覆蓋整個沙灘和海水。不管是在沙灘上乘涼，還是在海水裡游泳，都可以讓人忘記一天的酷熱。這個好地方，就是內埤仔的海灘。每天傍晚，阿德都要到這裡來報到。要是爸爸沒出海，他也會跟阿德一起來。不過這種機會不多，通常都是阿德和鄰居的小孩一起來。今天比較特別，是媽媽跟阿德一起來的。

「阿德，你自己去游泳吧，要注意安全哪！我就在這裡釣魚。」

媽媽吩咐阿德以後，開始拉長釣竿、綁釣勾、上魚餌這些準備工作。阿德知道，很少女生會來海邊釣魚，尤其是一個人來。不過，聽媽媽說，她就是在爸爸釣魚的時候認識他的。結婚以後，媽媽也愛上了海釣，於是夫唱婦隨，媽媽成了海邊的女生稀客。媽媽說，釣魚可以一邊釣一邊想心事，這是她喜歡釣魚的原因之一。

看來，昨天晚上進成伯到家裡來談的事情，一定是很重要的事情了，不然媽媽不會想一個人到海邊來釣魚想心事。

「媽，你是不是還在想，昨天晚上進成伯到家裡來說的事？」

- 在河流釣魚，稱爲「溪釣」；在海洋釣魚，稱爲「海釣」。海釣又可以分為坐船到海上釣魚的「船釣」，在海邊的沙灘上釣魚的「灘釣」，和在岩岸突出海中的大岩石上釣魚的「磯釣」。不同的釣魚方式，所用的釣竿也會不同。
- 在灘釣的時候，利用釣竿的彈性把釣餌甩出，拋到沙灘一段距離之外的海中，等待魚兒上鉤。

「是啊！阿公和你爸爸都問我的意見。我知道他們很難下決定，所以才要我幫忙出主意，我一定要想清楚才行。」

阿德的阿公，對於捕魚人家能娶到教書的老師當媳婦，一直覺得很驕傲。家裡的大小事情，常常會聽聽媳婦的想法。這次這個左右爲難的事情，他更希望媳婦用當老師的智慧，替他們想清楚來做決定。

阿德媽媽甩竿之後，把釣竿插在卵石灘上，然後坐下來望著波浪滾滾的大海。

「媽，海龜脫逃器是什麼東西呀？」

阿德看媽媽在傷腦筋，他也沒心情游泳了。他坐在媽媽身邊，想陪媽媽聊聊。

「我也不太清楚。聽說美國人決定，如果拖網漁船沒有加裝海龜脫逃器的話，就要禁止我們漁船捕獲的蝦

•漁船下網後，網靠在海底。繼續開船，讓網在海底拖行一段時間。然後起網把裡面的魚放到甲板上整理，再把網放進海裏繼續作業。利用這種方法捕魚的船隻，就是拖網漁船。

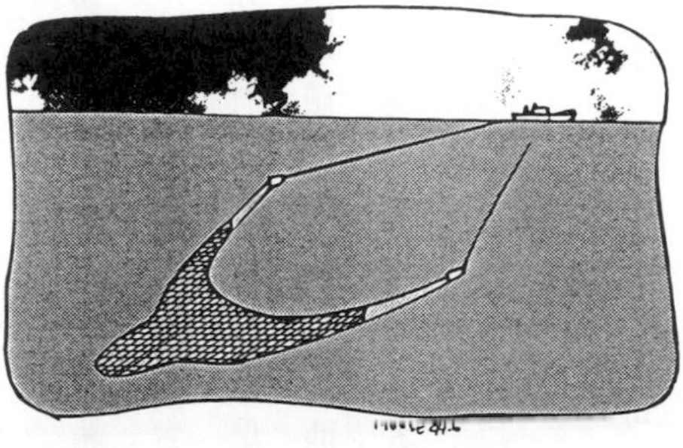

類賣到美國去。所以現在大家都很著急，如果美國人不買我們的蝦，我們一時又找不到其他的買主，那損失就大了。」

「那我們家的船也要裝嗎？裝上那個東西有什麼不一樣嗎？」

「我們家的就是拖網漁船哪！阿公和爸爸這幾天就是在抓蝦。現在我們也不知道，裝上去有什麼不同。可是你想一想，在網子上裝個連海龜都逃得出來的東西，那不是等於在網子上打了一個大洞嗎？蝦子也會跟著跑光呀！可是，我在想，硬要我們在網子上弄個洞，眞的是很不講理的要求。他們應該不會只顧海龜，不管漁民吧？這個海龜脫逃器可能有什麼機關在裡面吧！」

「進成伯爲什麼要我們家先裝裝看呢？」

「是水產試驗所要舉辦一個研討會，想要眞正裝上

•農委會請台灣省水產試驗所，舉辦研討會，並透過台灣省農林廳漁業局和宜蘭縣政府，請蘇澳區漁會安排漁船來試用海龜脫逃器。基本上，中央政府負責政策性、涉外性、全國一致性之業務，及我國經濟海域以外之遠洋漁業，並負有督導各下級漁政機關之責任；省（市）政府管理近海漁業並負責執行中央交付之漁業政策，及督導下級漁政機關的責任；縣市政府管理沿岸漁業及養殖漁業，並兼負執行上級漁政機關交付之業務。

海龜脫逃器的漁船出海去試試看。進成伯來跟阿公講，看阿公願不願意裝裝看。阿公本來是不想做這件事，他一直覺得美國人太霸道，動不動就拿他們國家的法律來嚇人。爸爸和我是覺得，趁這個機會看看到底怎麼回事。阿德，你有什麼想法呢？」

唉！媽媽的「職業病」又來了，常常要給阿德考試。不過，阿德習慣了，說就說嘛，有時候他的意見，還是大人想不到的呢！

「我也不知道！可是我看書說，澎湖那邊有一種綠蠵龜會到岸上來產卵。好像因爲一些什麼原因，現在綠蠵龜越來越少了，希望大家一起來保護牠們。我覺得人類比海龜聰明，我們應該可以找到別的方法來抓蝦吧！」

媽媽正要說話，突然釣竿的尾端急速的顫動，長長的竿子，彎出了一個大大的弧形。

「有魚上鉤了！」

阿德和媽媽都跳起來，媽媽兩手抓起魚竿開始收線，阿德幫不上忙，只能在旁邊哇哇大叫。

結果媽媽竟然釣到一尾大石斑，後來還是旁邊的釣客幫忙才拉上來的。這件事，在第三天爸爸的船回來以後，阿德幫媽媽在爸爸面前大大的吹噓了一番。爸爸也是大吃一驚，他興致勃勃的說：

「下次換我來！我曾聽說，有人在這裡釣過二十五公斤的大石斑，看看我能不能破記錄。」

「那……」

「我知道你要說什麼。這兩天我在海上想了想，也跟阿爸講過了。他說就照我們的意思，先裝上去試試看也好。你看我今天晚上去跟進成兄說好不好？」

•石斑魚的種類很多，大部分住在淺海海底，也有一些深海的石斑魚。這種魚美味可口，很受食客喜愛。通常捕獲的石斑不大，偶爾才有大石斑出現。

•這個海龜脫逃器是由美國提供的。他們的海洋漁業局還派兩名技術人員，來指導安裝和操作的方法。

「當然好，早點跟他說，他好做安排。」

其實，這些事情，阿德眞的是插不上手。不過，他對於「海龜脫逃器」很有興趣，那到底是怎樣的東西呢？

開學後兩個星期左右，爸爸說那研討會已經開始了，大概這幾天就要裝上海龜脫逃器出海試試看。阿德一再的叮嚀爸爸：

「爸，你一定要仔細看清楚喔！回來要告訴我，海龜是怎樣脫逃的。」

「遵命！阿德王子，你已經講了好幾十遍啦！」

等呀，等呀，等了兩天，進成伯來通知，第二天要出海實際操作。所以第二天阿德一下課，就守在港口，等爸爸回來。等到太陽偏西，天色將暗，阿德終於看到自己家的船，駛進了港口。

阿德本來想像平常一樣，衝到船上去幫忙；可是今天船上好多人哪，而且都是阿德不認識的人，仔細看看，有兩個好像是外國人呢！他決定站在遠處看就好了。因爲人一多，阿德就會覺得手腳都不知道放在哪裡才好。反正，等爸爸回到家裡再問他，也是一樣的嘛！

「兒子，你要認眞讀書，你一定要認眞讀書才行。」

爸爸回到家，一再的重複這句話。阿德知道，當爸爸叫他「兒子」的時候，是爸爸非常認眞的時候。一定是今天出海去試海龜脫逃器的事，給爸爸一些感觸了。果然沒錯，爸爸說：

「這些美國人眞是用心。原來那個海龜脫逃器呀，眞的只讓海龜逃走而留下魚蝦。而且連大的石頭、木塊都不會留在網子裡，這樣起網的時候，就不會擠傷魚蝦，可以保持鮮度之外，賣相也比較好。」

「眞的有這麼好的東西？」

媽媽沒有親眼看見，心裡還是存著一些疑問。阿公也說了：

「眞的！裝上去很理想。乾乾淨淨，沒有石頭，沒有木塊。最重要的是，抓到的蝦子，數量沒有減少。」

眞是太神奇了！阿德急著問：

「那到底是怎樣做的啦？」

「那東西看起來像大管子，上面掛著浮球，裡面有個橢圓形的架子。下面的逃生口，覆蓋著一層網片。要把這個逃脫器裝到網子上，還有一定的方法，不可以隨便裝呢！我也是研究了很久，還不知道怎麼留下蝦子，放走海龜的。等我想清楚了，再跟你說。」

「爸，我好像看到兩個外國人咧？」

「就是他們把海龜脫逃器帶來的呀！他們來教我們安裝，也看看使用的情形。這次他們帶來的東西，並不是給我們家這種大小的漁船用的。他們回去以後，會寄適合的給我們喔！阿德呀，現在好好讀書，以後發明這樣的好東西給大家用才是。其實，我們抓蝦的時候也不想抓到海龜的。有這種好東西，我們一定會裝上去的嘛！」

「對啦！要我們在漁網上開個大洞，實在是沒道理啦。可是像這樣替我們想好辦法，放走海龜留下魚蝦，我們也願意配合啊！」

「嗯——，阿公，你本來不是氣呼呼的說，人命沒有龜命值錢嗎？還說不裝就是不裝咧！」

阿德沒大沒小的給阿公漏氣，媽媽生氣的瞪他一眼，正要開口罵他，阿公卻笑著說：

「是我不對，事情沒弄清楚就生氣。不過，那些人也眞奇怪，好好的東西，叫做什麼脫逃器。我是想連龜都跑得掉，魚蝦當然也沒有了。他要是取個好名字，人家一聽就懂，就不會這麼麻煩了。」

「對！對！對！阿公說的有道理。阿德，交給你一件事，你就替這個海龜脫逃器改個好名字吧！」

唉！媽媽又要考阿德了。沒關係，阿德是不怕考的，好好的想一想吧！

台灣海域的海豚和鯨魚

在台灣東部的海域，有鯨魚和海豚在這裡活動。可是住在台灣島上的人們，大部分都不知道，自己有這麼難得的鄰居。一直到最近這幾年，才有人用心的做調查，希望多了解這些動物。在揭開神秘面紗之後，我們該用怎樣的態度與這些鄰居相處？應該是大家要好好想清楚的問題。

•殺人鯨眞正的名字應該是「虎鯨」。牠的背部顏色非常黑，腹部顏色非常白，台灣的捕魚人稱牠們爲「黑白郎君」。虎鯨的群體性很強，總是家族一起獵食、旅行。牠們在地球上分布的範圍很廣，常出現在比熱帶、亞熱帶的海域冷的地方，尤其是北極附近。至於被稱爲「殺人鯨」，眞是冤枉牠們了，因爲並沒有牠們攻擊或是殺害人類的紀錄。

這學期開始，我們桌球隊多了一位新教練。他的個子並不高，但是我們卻給他取了一個很恐怖的外號，叫做「殺人鯨」！

主要是因爲他的殺球技術眞是太厲害了。別說是我們隊裡的第一好手阿強，接不住他的殺球，連我們的教練魯蛋老師，碰到他殺球，也只有舉拍投降的分。還有一個小小的巧合，就是我們的新教練，只穿兩種顏色的衣服，黑色和白色。這跟我們在電影中看到的，肚子純白，背部純黑的殺人鯨一樣。所以，「殺人鯨」這個外號，更是非他莫屬了。

魯蛋老師對殺人鯨是佩服得五體投地，他不只一次的跟我們說：

「吳教練能抽空來指導大家，是你們的服氣。要是能夠好好加油，今年花東地區的桌球比賽，我們有可能

拿到獎牌喲！」

不過，開學到現在，我除了在旁邊看別人和殺人鯨對打之外，還不曾眞正的上場接過他的球。所以昨天魯蛋老師說，今天輪到我和阿苗跟殺人鯨對打的時候，我就一直緊張到現在。阿苗也是有點害怕，他跟我說：

「完了！完了！我鐵定會掛在那裡，下不了台。今天全看你的了。」

「看我的？拜託好不好，連阿強都沒辦法接了，我哪行呀！還是聽聽殺人鯨怎麼說，苦練一段時間再說吧！」

唉！果然不出我所料，下課後在桌球室練球，我跟阿苗是灰頭土臉的，難看到家了。殺人鯨說我腳步移動太慢，殺球光靠手臂，沒有用到腰力，……。還有這個不好，那個不對，弄得我心情糟糕透了！魯蛋老師不但沒安慰我，還一再的說：

「要改！要改！改了以後就所向無敵了。」

要改，要改，我當然知道要改。可是殺人鯨也不用這樣在全隊面前，要我示範錯誤動作嘛，他眞是比殺人鯨還要可惡呀！

我的心情糟糕透頂，連回到家裡，老媽都一眼就看出來了。她說：

「怎麼啦？踩到狗屎啦？一張臉這麼臭！」

「比踩到狗屎還糟糕，我遇到殺人鯨了！」

「殺人鯨？什麼殺人鯨？」

「就是我們球隊的新教練呀！他的殺球好厲害，殺得我在全隊面前抬不起頭來。他還要我示範錯誤的動作，告訴全隊不要這樣。天哪！他簡直比吃人的殺人鯨還要可惡。」

這時候，老爸從外面一臉高興的走進來。進門就大聲的說：

「哈！天大的好消息。星期天我們可以到石梯坪去，從那裡坐船出海去看鯨魚。聽說有四、五種不同的海豚，和眞正的大鯨魚呢！對了，還有人看到殺人鯨。殺人鯨欸！」

殺人鯨？怎麼又是殺人鯨？我今天眞是……。

「哇！你說的是那個在海裡的、會噴水柱的、眞正的殺人鯨嗎？」

老媽叫了起來，完全忘記她那可憐的兒子了。老爸卻被她問得有點莫名其妙：

「難道還有別的殺人鯨嗎？」

老媽用下巴指指我：

「你兒子今天遇見陸上的殺人鯨啦！」

• 石梯坪位於花蓮市南方約七十公里左右，小漁港裡只有十幾艘漁船停泊。

• 台灣東部海域常見的海豚有花紋海豚、瓶鼻海豚、弗氏海豚、飛旋海豚、熱帶斑海豚。

• 台灣東部海域常見的鯨魚有虎鯨、喙鯨、僞虎鯨。

•花蓮地區的民間人士組成「台灣尋鯨小組」，致力於花東海域的鯨豚調查工作。他們發現石梯坪到磯崎的海域，鯨群和海豚群的發現率，可達百分之九十以上。也就是說出去十次，可能有九次會遇見牠們。尋鯨小組人員與地方人士共同發展觀光事業，「海鯨號」就是搭載遊客出海賞鯨的賞鯨船。

還好老媽想起我了，我開始跟老爸訴苦。老爸聽了，深表同情的說：

「那星期天我們帶你去散散心吧！」

石梯坪，我們以前沿著海岸公路到台東的時候，曾經來過這裡。小小的漁港，船不多，人也不多，看起來跟其他地方的小漁港沒什麼不同。這裡眞的有鯨魚嗎？我總覺得鯨魚都住在外國的海裡，要從電視上才看的到牠們。老媽也說從來沒聽過，台灣的海上也有鯨魚的。我們半信半疑的跟著信心十足的老爸，上了一艘叫做「海鯨號」的船。

「現在是下午一點半，出去一趟四個鐘頭左右，回來的時候大概五點半了。」

老爸看看手錶，跟我們報告他出門前蒐集到的資料。我轉頭四處看看，發現船上的人不少，差不多有三

十個。有的戴著大草帽，有的掛上黑墨鏡。共同點是，跟老爸一樣，全都帶相機。

「各位先生小姐、各位大朋友小朋友，歡迎大家搭乘海鯨號，跟我們一起出海……。」

工作人員在出發之前，爲大家說明注意事項，也介紹了他的工作夥伴。

「這位是黑龍船長，這位是阿基叔叔，還有……。」咦！有個身影好眼熟，好像是我認識的什麼人。可是海鯨號搖搖身體，出發了。一陣晃動，我趕緊抓住身邊的柱子，才沒有跌倒。再注意看的時候，那個人不知道走到哪裡去了。廣大無邊的海洋，今天是亮亮的藍色。船頭切開水面，翻起朵朵浪花；船身隨著海浪上升之後下降，下降之後上升。我覺得頭有點昏沈沈的，胸口也悶悶的很不舒服。

•花蓮輪於民國六十四年七月二十日開航，載客航行於花蓮和基隆之間，到了七十二年四月十九日因爲擱淺而停航了。

「不行！我想吐！」

是爸爸。他一手抓緊橫桿，一手摀住嘴巴。媽媽趕緊從背袋裡拿出一個塑膠袋來，要爸爸吐在裡面。

「媽，你準備得眞周到。」

「我和你爸度蜜月，坐花蓮輪從花蓮到基隆，你爸當時就吐得一塌糊塗的，我一輩子都不會忘記。」

爸爸臉色慘白，靠在船邊。一個穿前白後黑休閒服的人走過來，遞給爸爸一罐萬金油：

「擦一擦肚臍和太陽穴，會舒服一點。等一下儘量看遠處，才不會這麼難過。」

這聲音，不是……，不是……。

「啊！王家柱，你也來了。」

天哪！眞的是他欸，我們的新教練。我傻傻的發了一下呆，才想到要跟牠們三個大人互相介紹。然後教練在爸媽前面，大大的誇獎我一番：

「家柱表現出色，一些小毛病改進之後，可能連我都打不過他了。」

媽媽一再謝謝教練的指導，我卻懷疑自己的耳朵是不是有毛病。教練大概是看出我滿臉的懷疑，他說：

「大柱子，訓練的時候，要求總是嚴格一點。我現在說的絕對沒有誇張，你對自己要有信心。」

哇！教練連阿苗他們怎樣叫我都知道，可見他……。

「左舷！左舷有魚！」

管不了是誰在叫了，我們馬上衝到左邊，張大眼睛在海面上尋找。遠處海水湧動厲害，浪花翻白四射，不管是什麼東西在那裡，一定又大又多。

海鯨號緩緩滑向前方，然後停了下來，我看見有東

西跳出水面。

是海豚！一大群海豚！一隻率先飛入空中，身體彎成一道美麗的弧形。第一隻還沒入水，第二、三、四隻連續上場，有的飛躍，有的旋轉，有的連連翻了好幾個筋斗！前面這小隊還沒停止，後面又來一小隊。隊隊相連之間，帶來千千萬萬朵的水花，牠們好像要合力把海水搬到空中一樣！

船上的人驚叫連連，舉起相機「喀嚓、喀嚓」的獵取鏡頭。爸爸也忘了他正在暈船，拼命照相之外，直誇這些海豚是天生的跳水專家。

「這些是飛旋海豚。他們不但是跳水專家，甚至可以算是特技演員了。」

原來我們的新教練，是還在讀書的研究生。爲了印證書本上學到的東西，也爲了看看台灣海域的大魚，他跟著黑龍船長和阿基叔叔出海好多好多次了。今天有他在身邊，我們好像有本百科全書，隨時提供我們最完整的知識。

「大柱子，你注意看飛旋海豚，跟你平常在海洋世界看到的海豚明星像不像？」

「嗯——，有點像又沒有很像。現在這群嘴巴比較尖，身體比較瘦。是不是因爲牠們是野生的？」

「你觀察得很仔細。不過不是因爲牠們是野生的，而是牠們是兩種不同的海豚。大部分的海豚表演明星屬於瓶鼻海豚，跟眼前的飛旋海豚不同。」

教練還跟我介紹了其他種類的海豚，我一直到今天才知道，海豚也跟鯨魚一樣是哺乳動物，而不是魚類。我覺得海上的教練，比陸地上的教練親切多了，應該不是種類不同吧，因爲根本就是同一個人呀！

海豚走後，海面恢復平靜。我發現爸媽的聲音，變得有點沙啞，大概是剛才叫得太厲害了吧！

海鯨號繼續向前行，我們也繼續睜大眼睛，想再發現奇蹟。可是如果簡簡單單的就被發現了，應該不算奇蹟了。所以我看了好久，除了海水和天空，好像只有我們這艘船了。倒是爸爸，他的暈船竟然被剛剛的飛旋海豚治好了！現在他忙著船頭、船尾，樓上、樓下的四處走動，想要成爲第一個看見大魚的人。

不過，第一次上船的我們，哪比得過船上專業的工作人員。第一個發現牠的，是黑龍船長。他直指船的正前方，大聲高喊：

「啊——，噴水了！噴水了！很高喔！」

哇！就像電視上的影片一樣，喔！不，這是眞的，這比電視上的還精彩。一隻分岔的黑色大尾巴，從海面升起，高舉上天。粒粒晶瑩的水珠，從光滑黑亮的皮膚上溜下來，我聞到了海洋特有的味道。

「是虎鯨！有三隻虎鯨。」

教練在我後面喃喃自語，我不知道他是不是在跟我說話，但是我實在無法回答。牠們露出背鰭繞圈，牠們翻身躍出水面，牠們……。我的眼睛盯著牠們無法離開；我的嘴巴張開，卻發不出聲音來；我的手腳僵直，無法動彈。我……，我遇見真正的殺人鯨了。

直到三隻鯨魚離開，我才發現，大家都沒有出聲！

「教練，剛剛那不是殺人鯨嗎？你怎麼說是虎鯨？」

「唉！」

教練嘆口氣，搖搖頭才說：

「這誤會可真是大了！雖然牠們不是吃素的，但是也沒有攻擊或是殺害人類的紀錄呀！憑外觀隨隨便便的就叫牠們殺人鯨，眞是過分哪！」

我呆住了，這不是在說我嗎？我們桌球隊的人都叫新教練「殺人鯨」，是不是也犯了隨隨便便的毛病呢？看來回去之後，我要和大家商量一下，不要再叫他殺人鯨了。

故鄉

十六、十七世紀是個海權時代，想要成為世界強國的國家，一定要擁有強大的海上艦隊。當時的海洋國家如西班牙、荷蘭、英國等，都因為船堅砲利而躋身世界列強。他們的目的是希望能在海外建立自己的殖民地，擴展國家的勢力範圍。現代二十一世紀的海洋國家，應該以本國為基地，世界為發展的舞台，而不是以擴展政治勢力為目的。

・海上船隻航行的路線，稱為航線。這些航線依航海條件如海流、水深、地形等條件而定。

・輪船進港時，除了會懸掛港口當地國家的國旗外，也會懸掛輪船本身所屬的國家的國旗。

傑尼使勁的踩著腳踏車踏板，拼命的向上衝。他額頭上的汗珠，一粒粒的冒出來，弄溼了棒球帽下的一頭金髮；那張長滿雀斑的臉蛋，也在陽光下脹得通紅。他大口大口的吸氣吐氣，希望自己能一路騎到山頂，希望那個人會在那裡。

每個禮拜天，傑尼都會騎車爬上山來。這座小山直逼海岸，山崖下方，正是通往鄰近商港的航線，大大小小的船隻來來往往，非常的熱鬧。傑尼喜歡坐在山頂那棵大樹下的石頭上，看著過往的船隻。他從船身上懸掛的各色國旗，和那些奇形怪狀的文字，猜測船從什麼地方來。傑尼最大的願望就是，長大以後，能坐船環遊世界，去看看那些奇怪文字的故鄉。

「呼！呼！呼！」

傑尼一邊喘氣，一邊騎上了山頂。他眞的一口氣就

・港口依照功能來區分的話，可分爲漁港、商港和軍港。漁港以漁業爲主，讓漁船停泊。商港則以商業爲主，讓外地的船載貨物進來，讓本地的船載貨物出去。這些貨物不一定是漁業產物，而是各式各樣的內、外銷產品。因爲海運的運量大，價格較低，所以一直是貨物的主要運送方式。至於軍港，則是以軍事功能爲主。

騎上了山呢！不過，他更關心的是，那個人來了嗎？

還好，樹下那個大石頭上，已經坐著一個人了。那個人黑黑的頭髮，黃色的皮膚，一看就知道是個東方人。這個夏天開始，每一個月的最後一個禮拜天，只要傑尼晚一點上山來，石頭寶座就被這個東方人坐走了。剛開始，傑尼有些怕這個東方人。見過幾次後，傑尼發現東方人只是靜靜的坐在那裡，靜靜的看那些通過的船隻，然後靜靜的擦眼淚，傑尼就不怕他了。今天，傑尼帶來了一些媽媽烤的餅乾，希望跟東方人做個朋友。

「嗨！我是傑尼。你……。」

傑尼突然想到，他是日本人？韓國人？還是……？要跟他說什麼話呢？傑尼可是什麼外國話都不會說呀！

「嗨！你好，我是金。」

還好這個東方人會說傑尼說的話，雖然有點怪腔怪

•貨輪就是載著貨物商品來往於港口之間的大輪船。有些貨輪有特殊的設計，可以讓載貨的卡車和火車直接開到船上來，節省上下貨的時間。

調，而且鼻音很重，傑尼還是聽懂了他在說什麼。傑尼看見了他紅腫的眼睛，就問他：

「你爲什麼在這裡哭呢？」

「我……，我想家呀！你的國家裡，看不見我家鄉的人，聽不見我家鄉的話。只有在這裡，可以看見來自我家鄉的船，船上有我家鄉的字。看著、看著，我的眼淚就掉下來了。」

金指著一艘正要進港的貨輪，船上有四個方塊字。傑尼好奇的問：

「你的家在哪裡呀？」

「我家在離這裡很遠很遠的地方，一個太平洋上叫做台灣的海島上。」

「台灣？沒聽過。跟日本很近嗎？」

「你的祖先，在一六二四年的時候，就到過台灣了。當時他們所畫的台灣地圖，還一直保存到現在呢！不過，還是讓我跟你說些現代的事吧！」

金要傑尼把頭上的棒球帽借他。他在帽子的標籤上找到「Made in Taiwan」這幾個字，然後告訴傑尼：

「你的帽子就是在台灣做的。沒錯，台灣和日本一樣，是在歐亞大陸的東邊。不過台灣還要南邊一點，是在花綵列島的中間位置。」

花綵列島，好美的名字呀！而且我們荷蘭人在十七世紀就到過金的家鄉啦？傑尼對金的家鄉，產生很大的興趣。他繼續問金：

「你的家就在島上嗎？」

「喔？台灣是個很大的海島。我的家在島上南部最大的城市，叫做高雄的地方。」

「那你的家人還在高——兄——嗎？」

●台灣本島北邊有琉球群島，南邊則有菲律賓群島，這些島嶼斷斷續續的分布在西太平洋的邊緣上，連成一道一道的弧形，就稱爲「花綵列島」。

・高雄位於台灣的南端，是台灣第一大港，西邊為台灣海峽，南邊是巴士海峽，為印度洋和東北亞航運中心的重要轉運港。目前它是世界第三大貨櫃港，將來希望能發展成為亞太海運轉運中心。

傑尼突然覺得自己的舌頭很不聽話，就是沒辦法發出跟金完全一樣的聲音來。金被傑尼逗笑了，他說：

「不是高兒，是高——雄——。是的，我的爸爸和媽媽一直都住在高雄。」

聽到金提起媽媽，傑尼想到了他帶來的餅乾。

「這是我媽媽自己烤的。你吃吃看，跟你媽媽烤的味道像不像。」

傑尼本來想用「媽媽的味道」，來安慰金一下，沒想到卻讓金更傷心。他說：

「我的媽媽不烤餅乾的。她做的點心，我在你們的語言中，找不到名字來說它。可是那個味道，一直在我的心裡，讓我想念得吃不下別的東西了。」

說著，金的聲音越來越沙啞，鼻音越來越重，他的眼淚好像又要掉下來了。

「既然你那麼想家，爲什麼還要離開那裡呢？」

傑尼不懂，金爲什麼要離家那麼遠之後，再來想家想得流眼淚。金告訴他：

「高雄是台灣的第一大商港，全球第三大貨櫃中心，它的航線遍及世界各地。從小在高雄港邊長大，我看過來自世界各個國家的大船。小時候我就希望，長大後能到各個國家去看看。現在正是我實現願望的時候，我的心裡是非常高興的。只是離家一久，難免就強烈的想念起來。我到這裡來看船，就好像回到了高雄一樣。在這裡流淚發洩一下，心裡會好過一點。回到學校去，我又可以專心的學習了。」

金的這一席話，傑尼有些聽得懂，有些聽不懂。他覺得金小的時候，跟現在的他很相像；或許將來有一天，傑尼也會在世界的某個地方，強烈的想念這個小山頭呢！

現在，傑尼更有興趣的是，金說荷蘭人曾經到過台灣。他問金說：

「你說我的祖先曾到過台灣，那是怎麼一回事呢？現在台灣還有很多荷蘭人嗎？」

「你應該知道，十七世紀的荷蘭，屬於商業先進的國家。當時盛行殖民主義，荷蘭也派船隊到海上尋找殖民地。當他們的船隊到達台灣的時候，就在那裡建了一座城堡，統治台灣有三十八年之久。後來荷蘭人被來自海峽對岸的明朝軍隊趕走了，他們建立城堡的殘蹟則一直保留到現在。至於台灣現在還有沒有很多荷蘭人，我也不是很清楚。應該就像其他的外國人一樣，做生意的、觀光旅遊的，總還有一些吧！」

傑尼聽說荷蘭人的城堡一直留到了現在，他決定將

•十五世紀末，歐洲人發現了通往印度洋和美洲的航路。西歐國家開始到東方尋求財富，他們占領土地，利用當地人民從事生產，得到的利益，全都拿回本國。先是葡萄牙人、西班牙人，然後是荷蘭人、英國人和法國人，紛紛建立殖民地，爲本國謀取利益。其中荷蘭人統治台灣三十八年，後來被鄭成功趕走。第一次世界大戰期間，出現了新的殖民主義國家，如德國、美國、義大利、比利時和日本等。而中

(接下頁)

（接上頁）
國則是一再的提供租借地與特權給這些國家。甲午戰爭之後，台灣被清廷割讓給日本。第一次世界大戰後，民族自覺思潮高漲，殖民地或獨立、或自治，出現一些新的國家。到了第二次世界人戰以後，殖民地更紛紛獨立建國，例如越南、馬來西亞、韓國等。

來環遊世界的時候，一定要加上台灣這一站才行。聰明的傑尼，現在就想打點一下旅程，他問金說：

「你以後會回到高雄去嗎？」

「當然會回去！」

「那我以後環遊世界的時候，去找你可不可以？我想請你帶我去看看那個古堡。」

金望著傑尼好一會兒，他的眼裡充滿稱讚的意思。他說：

「沒問題！我會在台灣等你。」

傑尼高興極了！他沒想到自己不但交了一個朋友，還替自己找到了一個導遊。現在，他想多了解一下將來要去的地方。

「金，你可以多告訴我一些你故鄉的事嗎？」

「太好了！我正愁沒人肯聽呢！」

•明末清初，已有一些漢人遷移到現在的高雄這裡居住，稱做打狗。到了清代，台灣歸入清朝版圖，把這裡歸爲福建省台灣府鳳山縣所管。咸豐年間，把打狗開闢爲通商口岸，這裡變成了商港。日治時期，改稱高雄，與基隆並稱台灣兩大港口。光復後高雄逐漸發展爲第二大都市。

金要傑尼躺在石頭邊的草地上，他自己看著眼前的大西洋，開始介紹太平洋邊的大港口。

「高雄本來叫做打狗，那是原住民部落的名稱。後來捕魚的人群聚集，慢慢形成了一個漁港。……」

金那怪腔怪調的口音，隨著樹下微微的風，送到傑尼的耳朵裡，好像起了催眠的作用。

聽著、聽著，傑尼竟然做起夢來了。他夢見自己站在一座未完成的城堡上，周圍有一群黑頭髮、黃皮膚的工人，穿著奇怪的衣服，拿著奇怪的工具，忙著建築城牆。這座城堡，蓋在一塊大沙洲上。這一片沙洲，長滿了一種葉子邊緣很多尖刺的植物，和一些樹身細高瘦長，葉子在頂端叢生的樹木。到處一片翠綠，風景很好。傑尼站得高，看得遠，他看見沙洲另一邊靠近海的地方，有一個男孩蹲在那裡。男孩看著海水，不知道在想些什麼。

「傑尼！傑尼！醒一醒啊，該回家了。」

原來是金。他講了一大堆話，才發現傑尼已經睡著了。叫醒傑尼後，他們又再次講好在高雄的約會。不過在這之前，下個月的最後一個禮拜天，他們會在這個小山頭上再見！

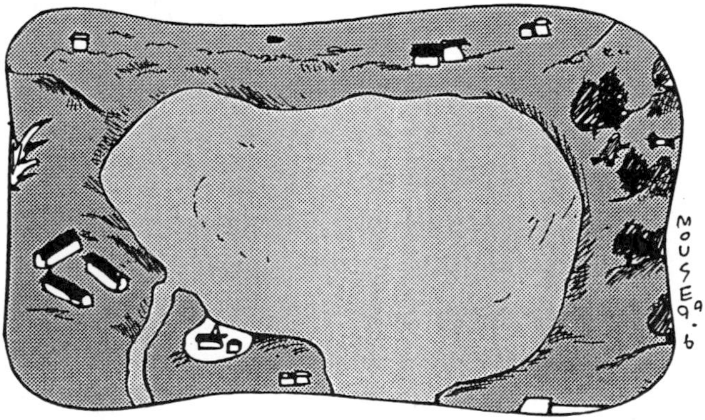
MOUSE 99.6

海上牧場風光

世界人口越來越多，預計西元二〇五〇年的時候，全世界的人口會突破一百億大關。到時候食物的供給，土地的分配，都會因為人口太多而面臨困境。未雨綢繆，及早準備的方法，就是好好開發占地球面積三分之二的海洋。設立海洋牧場的目的，就是要養殖海產，和增加產量，提供人越來越多的需求。或許將來有一天，不只食物來自於海洋，連人類都要搬到海底城市去居住呢！

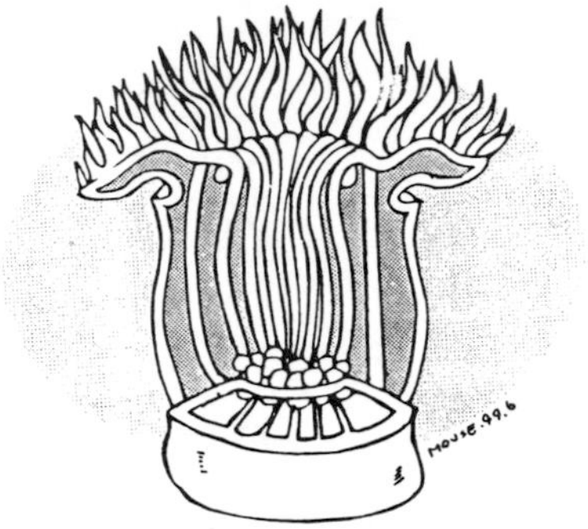

・水母圖。

「早——安——，小志！現在是西元二〇二〇年六月十日，早上六點三十分。你在五月十五日輸入的資料，顯示今天是六年級校外教學的日子。目的地是南台灣的海洋牧場，攜帶物品有……。」

校外教學？海洋牧場？沒錯，沒錯，就是今天！小志跳起床，關掉囉哩巴嗦的「管家婆」個人電腦上的「Morning Call」功能。雖然這電腦合成的聲音，跟小志最喜歡的偶像歌手藍鯨的聲音一模一樣，但是整天在耳邊嘮嘮叨叨的念，眞是讓人受不了。再說，校外教學這種期待了好久的事，怎麼還會需要「管家婆」來提醒呢？小志是興奮過度，一直到天快亮了才睡著，所以才會睡到現在。其實，要帶的東西，小志在兩、三天前就準備好了，現在趕快刷牙洗臉，吃過早餐就可以去學校集合了。

「小志，你這樣狼吞虎嚥的，就是沒噎到，也會把胃搞壞掉的。」

吃飯的時候，爸爸一再的提醒小志要吃慢一點，他卻馬上又忘記了。好不容易吃完了，正要出門，媽媽問他：

「你的掌上型電腦帶了沒？」

「帶了！帶了！我要去蒐集一堆資料回來，寫一分很棒的報告出來。說不定我的校外教學報告，可以登錄在全國小學教育網站上喔！」

小志從小就對海洋特別有興趣。根據阿公的說法，這是因爲小志得到他「討海人」的遺傳。阿公和小志已經去過海洋牧場好幾次了，但是都是走馬看花，飛船賞魚，沒有深入的研究。這回他跟老師和同學一起去，一定要仔細的看，認眞的聽，下回好做阿公的嚮導。

• 靠海洋討生活的人，就是討海人，大都指捕魚的漁夫而言。其實靠海爲生的人，除了漁夫之外，曬鹽的鹽民、養殖海產的漁人、採摘海中紫菜的人，甚至專撿海邊石頭來賣的人，以及教人潛水，帶領遊客參觀海洋的觀光休閒漁業，都可以說是「討海人」。

在學校集合後，老師帶大家坐火車到高雄，再從高雄搭船走「藍色高速公路」，到小琉球的海洋牧場去。這條公路是五年前通航的觀光路線，路上跑的是輪船，不是遊覽車。沿岸停靠的碼頭，有人上船，有人下船，小志他們坐到了最後一站。船還沒靠岸，遠遠的就看見了海洋牧場那高聳的牌樓。

在牧場的簡介室裡，五位身穿制服的大哥哥、大姊姊，已經在等小志他們了。

「張老師，各位小朋友，歡迎大家到海洋牧場來參觀。我是公關部教育組的楊組長。今天由我和另外四位同仁帶領大家參觀，爲大家說明。現在請張老師先替小朋友分組，我們馬上就出發了。」

同學們分成五組，每組有六個人。小志和大胖、阿成還有娟娟她們三個女生同一組，帶他們參觀的正好就

•台灣四周環海，島上的交通卻完全依賴陸運和航空，沒有好好利用周邊海域，眞是可惜。或許在陸上高速公路總是塞車，火車又老是客滿，飛機價格太高之後，能有坐客輪走海路的選擇，也是很好的構想。

•船隻靠岸，讓人員、貨物上下船的地方，叫做碼頭。

是楊組長。他們跟著楊組長先到「史料室」，其他各組也跟著他們自己的解說員走了。

「很久很久以前，魚兒自己在海裡生長，人們從岸上下海抓魚來吃。這時候的漁業，完全以捕撈爲主，就像我們帶著獵狗到山上打獵一樣，動物們自生自滅，人類只有肚子餓的時候，才想到牠們。」

楊組長配合各種影像，爲小志他們說明。

「後來人們開始在陸上豢養動物，發展畜牧事業；對於漁業，卻一直停留在捕撈的階段。直到近百年來，才有養殖漁業的開始。最先是在沿海的魚塭養殖，然後有箱網養殖，一直到西元兩千年前後，栽培漁業受到重視，才在適當的海域中，開發海洋牧場。」

楊組長大概很少跟小朋友做簡介，他那一堆專有名詞，弄得同學們滿頭霧水。小志忙著把這些名詞輸入他

• 在海邊或陸上，以人工挖掘魚塭，再引水入池，養殖漁產的傳統養殖業，稱「魚塭養殖」。

• 在海水較深處，利用箱網裝置的特別設備，所從事的養殖工作，稱「箱網養殖」。

・栽培漁業的範圍較廣，它包括增殖和養殖兩類。增殖是製造漁場和藻場，讓栽培的魚、蝦、貝類產量增加，而這些海產並無特定的主人；養殖卻是在一定的範圍內，不管有沒有放餌去養，其中海產有專屬的主人，只有主人才能收成。

的電腦，打算有時間再去查詢看看；大胖比較直接，他問楊組長：

「海洋牧場到底是做什麼的？」

楊組長終於注意到，他的聽眾是六年級的小學生。他想了一下才說：

「簡單的來講，海洋牧場是提供海裡生產的食物給人類吃的，像是魚類、貝類、蝦蟹之類的。所以我們除了要想辦法讓海裡這些動物增加之外，我們也在海裡合適的地方，設置漁場養殖魚類。」

「就像牧場養牛、養羊，給我們吃肉喝奶一樣！」小志說。

「沒錯！我們牧場有負責種苗生產放流的部門、有負責漁場造成的部門、有負責育成管理和收穫管理的部門，還有負責環境控制、病蟲害預防和治療的部門。大家共同努力的目標，就是希望在海洋資源的利用和維持之間，找到一個平衡點。」

哇！楊組長那些聽不懂的話又來了。還好，正當大家有點吃不消的時候，他說該帶大家出去看看了。

六個人加上楊組長，坐上觀光潛水船。這種小小圓圓的潛水船，專門爲海底觀光設計出來的。它一扇窗戶都沒有，因爲整個船身都是透明的！坐在裡面，就好像包在一個特大號的水滴裡，溜到了大海中。小志心裡又緊張又興奮。他曾經夢見自己變成一條魚，在海裡自由自在的到處去。沒想到現在要美夢成眞了！可是，這東西應該不會有問題吧？

在小志胡思亂想的這段時間，他們來到了海藻場。

「哇！這裡簡直就是海中森林嘛！」

女生們的叫聲，驚醒了小志。眼前的海藻隨著海水

•海洋牧場是結合很多種不同的技術，共同經營的管理型漁業。從種苗生產、漁場造成、種苗放流，到育成管理、收穫管理，以及環境控制、病蟲害的處理，全都是海洋牧場的工作內容。

•環境保護和資源利用都是很重要的事情，不管哪一項沒做好，都是人類的損失。在開發海洋的過程之中，保持它們的平衡點，是非常重要的。如果過度的開發利用，趕盡殺絕之後，就什麼都沒有了。就像把會生金雞蛋的母雞殺了，不僅什麼都沒發現，連每天固定一顆的金雞蛋也沒了，那時後悔就來不及了。

輕輕搖擺，比起陸地上的森林，多了一種柔美的感覺。

「這可是我們辛苦播種，加上移植母藻的成果喔！」

楊組長剛講完，大胖就問：

「種海藻做什麼？人又不吃海藻！」

「欸！這個我知道。你沒聽過大魚吃小魚，小魚吃蝦米嗎？這蝦米呀，吃的是浮游生物，而浮游生物吃的就是海藻！有了海藻，浮游生物就來了；有了浮游生物，蝦米就來了；有了蝦米，……。」

小志正要講下去，女生們接著說：

「大魚、小魚全都來了。」

「嗯——，有概念！這就是海中的食物鏈。而海藻是這條鏈子的基礎，沒有了海藻，一切都免談啦！」

楊組長大大稱讚小志一番，讓小志覺得前幾天的準備工作沒有白忙一場。但是接下來的問題，小志也不知道答案了。那是一直轉頭到處看的阿成問的：

「那些船上怎麼點這麼多燈呢？」

「喔！那些燈是補充陽光的不足，好讓藻類加速光合作用，製造更多的養分。」

還是楊組長給了阿成正確的答案。然後，他們就離開海藻場，到一個更熱鬧的地方——漁場。

漁場由人工製的魚礁組成。以前小志在生鮮超市看到的，包裝好的，一隻隻排在冰箱裡的魚，現在全活生生的在這裡游來游去！

「哇！好多魚喲！」

女生們又叫起來了。大胖關心的還是吃，他問：

「這些魚眞的只吃小魚，小魚吃蝦米嗎？」

「其實，我們也會餵牠們吃飼料的。」

• 人類用廢輪胎、水泥，或是其他可以利用的東西，做成魚礁沈入海中，成爲魚兒棲息的地方。

•電流和音響會在水中形成無形的牆壁，阻擋魚群的行動。至於光線，有些種類的魚喜歡；有些種類的魚不喜歡，就依照魚兒的特性安排。

楊組長好像發現了爲小學生解說的最好辦法，那就是一問一答，有問有答，小朋友問，解說員答，這樣就清楚了。

「如果牠們吃飽了，就游走了，那不是白養了嗎？」阿成問。

小志覺得這個問題問得好。他發現這裡不像陸地上的牧場一樣有圍欄，難道他們不怕魚兒逃走嗎？

「別擔心！我們有三種你們看不見的祕密武器呢！」

楊組長越來越知道該怎樣跟小朋友說話了，他連「祕密武器」都搬出來啦！

「我們用微弱的電流、適當的音響或是強烈的光線來控制魚群的行動，牠們不會隨便亂跑的。」

既然魚群不會亂跑，一直都待在這裡，那有個嚴重的問題，讓小志不得不問：

「楊大哥，魚不是會大便嗎？」

其他人摀著嘴吃吃的笑了。楊組長說：

「是啊！」

「那魚群吃在這裡，拉在這裡，不會污染環境嗎？」

「問得太好了！防止環境污染的問題，正是我們研究部門最最努力的問題之一。我們分兩大部分來處理，一種是海水交換技術的加強，一種是底質環境的改善。其實，解決污染最根本的方法，就是儘量不要污染，讓水回復到最自然的狀態。我們一直就朝著這個方向努力的。」

雖然不是聽得很懂，但是至少小志知道，他們在努力解決這個問題了。

•海水交換的意思，是指海洋牧場範圍內的海水，因爲魚兒在這裡生活而讓海水變髒，將這裡的海水和自然海域的海水交換，讓污染物自然擴散消除。底質環境，指的是漁場海底堆積物的多少。改善方法有盡量不產生堆積物，將堆積物分散，掩埋、運走、覆蓋等。

看過了海藻場和漁場，潛水船回到碼頭，其他的同學和老師也回來了。接下來的節目是自由參觀牧場的加工產品，這個部分分爲馬上就吃的餐廳，和販賣部的「土產」，不對！是海產。這部分小志前幾次和阿公一起來的時候，已經看過好幾遍了。他打算先去餐廳點一盤海鮮米粉，配一碗薑絲鮮魚湯；然後到販賣部給媽媽買包魷魚絲，給爸爸帶一打紅燒饅魚罐頭，給阿公一大包鮪魚糖。至於，囉囉嗦嗦的「管家婆」嘛，就把掌上型這部電腦的問題，交給它啦！

台灣風土系列❹

海洋的故事

2000年8月初版
2011年10月初版第六刷

定價：新臺幣單冊180元
新臺幣一套10冊1800元

審訂 施志汶
著者 陳素宜
發行人 林載爵

出版者	聯經出版事業股份有限公司
地址	台北市基隆路一段180號4樓
台北忠孝門市	台北市忠孝東路四段561號1樓
電話	(02)27683708
台北新生門市	台北市新生南路三段94號
電話	(02)23620308
台中分公司	台中市健行路321號
暨門市電話	(04)22371234 ext.5
郵政劃撥帳戶	第0100559-3號
郵撥電話	27683708
印刷者	世和印製企業有限公司
總經銷	聯合發行股份有限公司
發行所	台北縣新店市寶橋路235巷6弄6號2F
電話	(02)29178022

責任編輯 黃惠鈴
封面設計 劉茂添

行政院新聞局出版事業登記證局版臺業字第0130號

本書如有缺頁，破損，倒裝請寄回聯經忠孝門市更換。 ISBN 978-957-08-2118-5 (平裝)
聯經網址 http://www.linkingbooks.com.tw
電子信箱 e-mail:linking@udngroup.com

國家圖書館出版品預行編目資料

海洋的故事 / 陳素宜著．--初版．
--臺北市：聯經，2000年
208面；14.8×21公分．-- (台灣風土系列；4)
ISBN 978-957-08-2118-5(平裝)
〔2011年10月初版第六刷〕

1.海洋-台灣-青少年文學
2.台灣-青少年文學

673.2 89010197